왕초보를 위한

굿모닝!
생활영어
100

지은이 유정오

영어 초보자를 위한 단어&어휘 분야, 회화입문서 등 일상회화에서 실제로 많이 쓰이고 있는 생생한 영어표현을 담은 영어교재 저술 및 개발에 힘쓰고 있다. 저서로는 〈Let's go 유쾌한 여행영어〉 〈365일 Let's talk 상황영어 핵심표현〉〈TOP 단계별 영어표현〉〈왕초보 문답식 상황영어 123〉 〈30일 매일매일 혼자서 끝내는 일상생활 영어스피킹〉 등이 있다.

왕초보를 위한

굿모닝! 생활영어 100

개정판 1쇄 인쇄 2023년 9월 11일
개정판 1쇄 발행 2023년 9월 20일

지 은 이 유정오
펴 낸 이 천재민

펴 낸 곳 하다북스
출판등록 제2003-000001호
주   소 서울특별시 강북구 삼양로19길 25, 107동 702호
전   화 02-6221-3020
팩   스 02-6221-3040
홈페이지 www.hadabook.com

ⓒ 유정오, 2023
ISBN 978-89-92018-87-6 13740

왕초보를 위한

굿모닝!
생활영어

100

Before → After

하다북스

당신은
일상생활에서 꼭 필요한 영어표현을
몇 개나 말할 수 있나요?

간단한 표현도 막상 영어로 말하려고 하면 왠지 머릿속이 하얘지고 말문이
막히지 않으셨나요?

이 책은 실생활에서 가장 많이 쓰는 100가지 상황을 상정하여 각각의 상황
에 맞는 일상의 표현을 골라 담았습니다.

'How are you?', 'Thank you' 정도만 말할 수 있는 사람이라면 혼자서 쉽게
듣고 따라할 수 있는 다양한 예문과 일상에서 바로바로 활용할 수 있는 핵심
표현을 수록하여 왕초보에게 딱 맞는 회화책입니다.

또한, 회화에 유용하게 쓸 수 있는 필수 단어와 표현을 '생생 키워드' 코너에
정리하였고, 각 Chapter의 내용(Chapter 1~7)마다 MP3 파일을 따로 구성
하여 필요한 부분만 골라서 반복해서 들을 수 있습니다. 이 오디오만 들어도
이 책의 모든 회화 표현을 듣고 말할 수 있도록 한국어 문장과 함께 네이티
브가 영어표현 모두를 반복 녹음하여 학습 효과를 높였습니다. 아울러 영어
표현 아래에 네이티브의 발음을 살린 한글발음을 표기하여 보다 쉽게 영어
문장을 읽고 연습할 수 있습니다.

Chapter 1 · 인사·예절 영어 (Greeting Manners English)

반갑게 건네는 인사말과 서로 안부를 묻고 전할 때, 소개할 때, 가족관계와 직업을 물을 때, 아쉽게 작별할 때와 서로 연락처와 명함을 주고받을 때 등 생활 속 인사예절 표현들을 담았습니다.

Chapter 2 · 감정표현 영어 (Feeling Expression English)

감사의 마음을 표현하고 축하나 위로를 전하는 말, 당황스럽고 화가 날 때의 표현 등 우리의 생생한 느낌과 마음을 그대로 표현할 수 있는 다양한 감정 표현들을 담았습니다.

Chapter 3 · 날짜 생활 영어 (Everyday Life English)

날짜와 시간을 알아볼 때, 약속을 정할 때, 성격이나 외모를 말할 때, 전화할 때, 길을 묻고 교통편을 이용할 때, 레스토랑 이용할 때, 쇼핑을 즐길 때 등 우리가 일상생활에서 가장 많이 쓰는 기본 표현들을 담았습니다.

Chapter 4 · 의사소통 영어 (Communication English)

질문을 주고받고 자기 생각을 말할 때, 협상이나 의견을 조율할 때, 제안이나 부탁할 때, 오해나 말이 잘 통하지 않을 때 등 상대방과의 의사소통을 위한 다양한 표현들을 담았습니다.

Chapter 5 · 생생 상황 영어 (Circumstance English)

손님을 초대하고 접대할 때, 술 한 잔 즐길 때, 패스트푸드점, 우체국, 은행, 병원, 약국, 세탁소, 미용실 이용할 때, 결혼식, 장례식, 경찰서에서 도움을 청할 때 등 상황별, 장소별로 바로바로 찾아서 즉석에서 활용할 수 있는 표현들을 담았습니다.

Chapter 6 · 해외여행 영어 (Overseas Travel English)

해외여행을 시작하면서 공항에서 출입국 수속을 할 때, 호텔이나 관광지에서 부딪치는 문제 등 해외여행에 필요한 다양한 상황별 표현들을 담았습니다.

Chapter 7 · 레저&엔터테인먼트 영어 (Leisure&Entertainment English)

주말에 TV를 보거나 영화, 뮤지컬 등 공연을 감상할 때, 헬스클럽에서 건강을 챙길 때, 스포츠나 레저를 즐길 때 유용하게 쓸 수 있는 표현들을 담았습니다.

Contents
차 례

Chapter 1

첫인상을 아름답게!
인사예절 영어

Chapter 2

생생한 느낌과 마음을 그대로!
감정표현 영어

Contents
차례

가장 많이 쓰는 기본표현!
Chapter 3
알짜 생활영어

Contents
차례

왕초보도 술술!
의사소통 영어

Contents
차례

Chapter 5

바로바로 골라 쓴다!
생생 상황영어

Contents
차례

한 번에 통하는 GO!
Chapter 6
해외여행 영어

Contents
차례

Chapter 7

신나게 즐기자!
레저&엔터테인먼트 영어

Greeting Manners
English

누구를 만나든 웃는 얼굴로 반갑게 인사를 건네는 사람을 보면 첫인
상이 좋은 것은 물론 예의바른 사람이구나 하는 마음에 더 호감이
갑니다. 간단한 인사말과 예의를 갖추는 모습들이 두고두고 좋은
이미지를 만든다는 것을 잊지 마세요. 이 장에서는 반갑게 건네
는 인사말과 서로 안부를 묻고 전할 때, 소개할 때, 가족관계
와 직업을 물을 때, 아쉽게 작별할 때, 다시 만날 것을
기약할 때, 연락처와 명함을 주고받을 때 등 생
활 속 인사예절 표현을 담았습니다.

Chapter 1

첫인상을 아름답게!
인사예절 영어

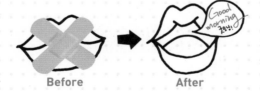

Before   After

반갑게 인사하기

표현문형

수진아, 안녕. 별일 없지? **Hey, Su-Jin. What's up?**

안녕, 민수야. 난 잘 지내. **Hi, Min-Su. I'm doing OK.**

- (아침인사) 안녕하세요.

    Good morning.

    굿 모닝

- (점심인사) 안녕하세요.

    Good afternoon.

    굿 애프터누운

- (저녁인사) 안녕하세요.

    Good evening.

    굿 이브닝

- 안녕히 주무세요.

    Good night.

    굿 나잇

- 안녕하십니까?

    How do you do?

    하우 두 유 두

- 무슨 일로 오셨어요?

    What brings you here?

    왓 브링스 유 히얼

■ 여긴 웬일이세요?

What are you doing here?

왓 아 유 두잉 히얼

■ 우리 요즘 자주 만나는군요.

We seem to run into each other often lately.

위 씸 투 런 인투 이취 아덜 오펀 레이들리

■ 정말 만나서 반가워!

What a pleasant surprise!

왓 어 프레즌트 써프라이즈

■ 또 만나서 반가워요.

Good to see you again.

굿 투 씨 유 어겐

생생 키워드   첫인상이 좋아지는 가장 좋은 방법은 웃는 얼굴로
인사를 건네는 거죠. 간단한 인사말을 알아두는 건 필수!

안녕. Hi. 안녕하세요. Hello.	만나서 반가워요. Nice to meet you.
요즘 어때요? How are you?	아주 좋아요. Pretty good.
잘 가요. Good bye.	또 만나요. See you again.
잘 지내요. Take care.	감사해요. Thank you.
실례해요. Excuse me.	미안해요. I'm sorry.
괜찮아요. No problem.	행운을 빌어요. Good luck.
친절하시네요. You're so kind.	축하합니다! Congratulations!

오랜만에 만났을 때

그 동안 어떻게 지냈어? **What have you been doing?**

일 때문에 좀 바빴어. **I've been busy with work.**

■ 이게 얼마 만이에요?

How long has it been?

하우 로옹 해즈 잇 빈

■ 오랜만이다!

Long time no see!

로옹 타임 노우 씨

■ 정말 오랜만이에요!

I haven't seen you for ages!

아이 해븐(트) 씨인 유 풔 에이지스

■ 오래간만이에요.

It's been a long time.

잇츠 비너 로옹 타임

■ 그동안 어떻게 지냈어요?

What have you been doing?

왓 해뷰 빈 두잉

■ 어떻게 지내세요?

How is it going?

하우 이즈 잇 고우잉

■ 아주 좋습니다. 전 잘 지내요.

Pretty good. I'm very well.

프리디 굿. 아임 베리 웰

■ 당신은 하나도 변하지 않았어요.

You haven't changed the bit.

유 해븐(트) 체인지드 더 빗

■ 얼굴이 좋아 보이는군요.

You look better than ever.

유 룩 베덜 댄 에벌

■ 요즘 어때?

What's up?

왓츠 업

■ 별일 없어.

Nothing much.

너띵 머취

■ 당신 소식이 정말 궁금했어요.

I was wondering about you.

아이 워즈 원더링 어바웃츄

■ 그동안 연락 못해서 미안해요.

I'm sorry about not keeping in touch.

아임 쏘리 어바웃 낫 키핑 인 터취

서로 안부를 묻고 전하기

사업은 잘되시나요? **How is your business doing?**

모든 게 잘 되고 있어요! **Everything is going great!**

■ 요즘 어떻게 지냈어요?

How are you these days?

하우 아 유 디즈 데이스

■ 주말 잘 보냈니?

How was your weekend?

하우 워즈 유어 위켄드

■ 휴가는 어떻게 보냈어?

How did you enjoy your vacation?

하우 디쥬 인죠이 유어 베이케이션

■ 사업은 잘되시나요?

How is your business doing?

하우 이즈 유어 비즈니스 두잉

■ 점점 좋아지고 있어요.

It's beginning to pick up.

잇츠 비기닝 투 피컵

■ 모든 일이 계획대로 잘 풀리고 있어요.

Everything is going as planned.

에브리띵 이즈 고우잉 애즈 플랜드

■ 안색이 안 좋아 보여요. 무슨 일 있어요?

You look down. What's wrong?

유 룩 다운. 왓츠 로옹

■ 일 때문에 스트레스를 받아요.

I'm stressed out from work.

아임 스트레스트 아웃 프럼 월크

■ 별일 없으시죠?

How is life treating you lately?

하우 이즈 라이프 트리이딩 유 레이들리

■ 항상 바쁘네요.

I'm still busy as ever.

아임 스틸 비지 애즈 에벌

■ 정신없이 바빠요.

I don't have time to breathe.

아이 돈(트) 해브 타임 투 브리이드

■ 늘 똑같죠, 뭐.

Same as always.

쎄임 애즈 오올웨이즈

■ 부모님께 안부 전해 드려요.

Give my regards to your parents.

기브 마이 리가드즈 투 유어 페어런츠

 04 우연한 만남&낯익은 얼굴을 봤을 때

표현문형

여기서 널 만나다니! **It's strange to see you here!**

세상 정말 좁구나! **What a small world!**

■ 여기서 당신을 만날 줄이야!

What a nice surprise to see you here!

왓 어 나이스 써프라이즈 투 씨 유 히얼

■ 세상이 정말 좁군요!

It's a small world!

잇처 스몰 월드

■ 그렇지 않아도 널 만나고 싶었어.

I didn't expect to see you here.

아이 디든(트) 익스펙 투 씨 유 히얼

■ 뭐가 그렇게 바빴어?

What has kept you so busy?

왓 해즈 캡츄 쏘우 비지

■ 지금 회사에 있을 시간 아니에요?

Shouldn't you be at work now?

슈든(트) 유 비 엣 월크 나우

■ 어디에 가시는 길이에요?

Where are you going?

웨어라 유 고우잉

■ 우리 전에 만난 적 있지 않나요?

Have we met before?

해브 위 멧 비포얼

■ 어딘가에서 본 것 같은 생각이 들어요.

I think I saw you somewhere.

아이 띵크 아이 쏘 유 썸웨얼

■ 혹시 마이크 씨 아닌가요?

Are you Mr. Mike by any chance?

아 유 미스터 마이크 바이 에니 챈스

■ 실례지만 제가 아는 분 같은데요?

Excuse me, don't I know you?

익스큐즈 미, 돈(트) 아이 노우 유

■ 실례지만 저를 기억하시나요?

Excuse me. Do you remember me?

익스큐즈 미. 두 유 리멤벌 미

■ 잘 생각이 나지 않는군요.

I'm sorry I can't seem to recall.

아임 쏘리 아이 캔(트) 씸 투 리콜

■ 미안합니다. 잘못 봤어요.

I'm sorry I took you for someone else.

아임 쏘리 아이 툭 유 풔 썸원 엘스

소개할 때

저는 헨리 밀러라고 합니다. **I'm Henry Miller.**

만나서 반갑습니다. **How nice to meet you.**

■ 소개부터 시작할까요?

Why don't we begin with an introduction?

와이 돈(트) 위 비긴 위던 인트러덕션

■ 성함이 어떻게 되십니까?

Could I have your full name, please?

쿠다이 해브 유어 풀 네임 플리즈

■ 당신을 어떻게 부르면 될까요?

What do you want me to call you?

왓 두 유 원트 미 투 콜 유

■ 제 소개를 하겠어요.

Let me introduce myself.

렛 미 인트러듀스 마이쎌프

■ 헨리 밀러라고 합니다. 그냥 헨리라고 부르세요.

I'm Henry Miller. Just call me Henry.

아임 헨리 밀러. 저스트 콜 미 헨리

■ 만나서 반갑습니다.

How nice to meet you.

하우 나이스 투 미츄

■ 만나 뵙게 되어 영광입니다.

I'm honored to meet you.

아임 아너드 투 미츄

■ 제 친구 마이크를 소개하겠습니다.

Allow me to introduce you to my friend Mike.

얼라우 미 투 인트러듀스 유 투 마이 프렌드 마이크

■ 존, 나와 함께 일하는 동료 마이크에요.

John, this is my colleague Mike.

존, 디쓰 이즈 마이 칼리그 마이크

■ 알아요. 새로 오신 분이시죠?

I see. You are new, right?

아이 씨. 유 아 뉴우, 롸잇

■ 꼭 한 번 만나 뵙고 싶었습니다.

It's a pleasure to have finally met you.

잇처 플레절 투 해브 파이널리 멧츄

■ 처음 뵙는 것 같아요.

I don't think we've met before.

아이 돈(트) 띵크 위브 멧 비포얼

■ 말씀 많이 들었습니다.

I've heard a lot about you.

아이브 헐드 어 랏 어바웃츄

가족관계를 물을 때

형제가 있으세요? **Do you have any siblings?**

아니요, 저 혼자에요. **I have no siblings.**

■ 부모님과 같이 사세요?
Do you live with your parents?
두 유 리브 위드 유어 페어런츠

■ 부모님은 제가 어렸을 때 돌아가셨습니다.
I lost my parents when I was young.
아이 로스트 마이 페어런츠 웬 아이 워즈 영

■ 형제가 어떻게 되세요?
How many brothers and sisters do you have?
하우 메니 브러덜스 앤 씨스털스 두 유 해브

■ 누나와 두 형이 있어요. 제가 막내죠.
I have a sister and two brothers. I'm the youngest.
아이 해브 어 씨스털 앤 투우 브러덜스. 아임 더 영기스트

■ 가족들은 다 안녕하신지요?
How is your family?
하우 이즈 유어 패밀리

■ 가족들은 모두 건강하게 지내요.
My family are all very well.
마이 패밀리 아 오올 베리 웰

■ 전 가족들과 떨어져 지냅니다.

I live away from my family.

아이 리브 어웨이 프럼 마이 패밀리

■ 결혼하셨어요, 아니면 미혼인가요?

Are you married or single?

아 유 메리드 오얼 싱글

■ 자녀는 어떻게 되세요?

How many children do you have?

하우 메니 칠드런 두 유 해브

■ 딸이 하나 있어요.

I have one daughter.

아이 해브 원 도오덜

생생 키워드   기본적인 가족 관계는 외워두면 좋겠죠?

할아버지 grandfather 그랜(드)파-더 할머니 grandmother 그랜(드)머더

아버지 father 파-더 어머니 mother 머더 아들 son 선

딸 daughter 도오덜 형제 brother 브러더 자매 sister 씨스터

누나 big sister 빅시스터 삼촌 uncle 엉클 숙모 aunt 앤트

남자조카 nephew 네퓨 여자조카 niece 니스 사촌 cousin 커즌

직업에 대해 물을 때

표현문형

무슨 일 하세요? **What do you do for a living?**

저는 자영업을 하고 있어요. **I'm self-employed.**

■ 무슨 일을 하시나요?

What do you do for a living?

왓 두 유 두 풔러 리빙

■ 저는 출판사에서 근무합니다.

I work for publishing company.

아이 월크 풔 퍼블리싱 컴퍼니

■ 정말 멋진 직업이군요.

That must be a cool job.

댓 머스트 비 어 쿠울 좝

■ 이 일 하신 지는 얼마나 되셨어요?

How long have you had this job?

하울 로옹 해브 유 해드 디쓰 좝

■ 직책은 어떻게 되세요?

What's your position at work?

왓츠 유어 포지션 앳 월크

■ 총지배인을 맡고 있어요.

I'm a general manager.

아임 어 제너럴 매니절

■ 직장이 마음에 드세요?

How do you like your job?

하우 두 유 라익 유어 잡

■ 전 지금 하는 일에 만족하고 있습니다.

I'm happy with my work.

아임 해피 위드 마이 월크

■ 일을 그만두고 싶어요. 지겨워 죽겠어요.

I want to quit this job. I'm tired of work.

아이 원 투 콰이트 디쓰 잡. 아임 타이어드 어브 월크

생생 키워드   다양한 직업과 직책에 대해 알아보죠.

사업가 businessman 비즈니스맨	교수 professor 프러페서
공무원 public servant 퍼블릭 써번트	선생님 teacher 티―처
회계사 accountant 어카운트	변호사 lawyer 로여
요리사 cook 쿡	통역사 interpreter 인터프리터
비서 secretary 세크러테리	기자 reporter 리포터
감독 director 디렉터	배우 actor 액터
기술자 engineer 엔지니어	경찰관 policeman 펄리―스맨
최고경영자 CEO 씨이오	사장 chief executive 치프 이그제큐티브
지배인 manager 매니저	실장 office manager 오피쓰 매니저
기획자 planner 플래너	감독[현장주임] supervisor 수퍼바이저
과장 section chief 섹션 치프	전무 managing director 매니징 디렉터

아쉽게 작별할 때

표현문형

즐거운 시간이었어요. **Thanks, I've had a good time.**

저도 그래요. 잘 가세요. **Me too. Take care.**

■ 아쉽지만 가야겠어요.

I'm sorry but I should get going.
아임 쏘리 벗 아이 슈드 겟 고우잉

■ 이만 가봐야겠어요.

I'm afraid I must run.
아임 어프레이드 아이 머스트 런

■ 이제 가봐야겠어요.

I guess we'd better be going now.
아이 게스 위드 베덜 비 고우잉 나우

■ 그래요, 좀 늦었네요.

Yes, it's a little late.
예쓰, 잇처 리들 레잇

■ 우리 이만 갈까요?

Are we ready to leave?
아 위 레디 투 리이브

■ 벌써 시간이 이렇게 됐네. 이만 가요.

Look at the time. Let's head out.
룩 앳 더 타임. 렛츠 헤드 아웃

- 오늘 만나 뵙게 돼서 반가웠습니다.

   It was a pleasure meeting you.

   잇 워즈 어 플레절 미딩 유

- 오늘 와주셔서 감사합니다.

   I'm so glad that you're here.

   아임 쏘우 글래드 댓 유아 히얼

- 그동안 제게 베풀어 주신 것에 대해 감사드립니다.

   Thank you for everything you've done for me.

   땡큐 풔 에브리띵 유브 던 풔 미

- 이제 이만 떠나요!

   Let's hit the road!

   렛츠 힛 더 로우드

- 행운을 빌어요.

   I'll keep my fingers crossed for you.

   아일 키프 마이 핑걸스 크로스드 풔 유

- 안녕히 가세요. 잘 지내세요.

   Good bye. Take care.

   굿 바이. 테익 케얼

- 고마워요, 정말 즐거웠어요.

   Thanks, I had a good time.

   땡스, 아이 해더 굿 타임

다시 만날 것을 기약할 때

표현문형

또 만나고 싶어요. **I'd like to see you again.**

저도요. 연락할게요. **So did I. I'll be in touch.**

■ 오늘 이야기 즐거웠어요.
I must say it's been fun talking to you.
아이 머스트 쎄이 잇츠 빈 펀 토킹 투 유

■ 아주 유익한 만남이었어요. 다시 연락드릴게요.
It was very nice meeting you. I'll contact you soon.
잇 워즈 베리 나이쓰 미딩 유. 아일 컨택트 유 쑤운

■ 저도요. 언제 다시 한번 만나요.
So did I. We should do this again soon.
쏘우 디드 아이. 위 슈드 두 디쓰 어겐 쑤운

■ 나중에 또 만납시다.
I'll see you again.
아일 씨 유 어겐

■ 또 봐요. 연락할게요.
Catch you later. I'll be in touch.
캐취 유 레이덜. 아일 비 인 터취

■ 조만간 모임을 다시 합시다.
Let's have another get-together soon.
렛츠 해브 어나덜 겟투게덜 쑤운

■ 언제 다시 만날까요?

When shall we meet again?

웬 쉘 위 미잇 어겐

■ 떠나기 전에 한번 만났으면 좋겠어요.

I hope to see you before I go.

아이 호우프 투 씨 유 비포라이 고우

■ 그럼 거기서 봅시다.

I'll see you there then.

아일 씨 유 데얼 덴

■ 금요일에 봅시다.

Let's meet up on Friday.

렛츠 미잇 어펀 프라이데이

■ 연락하면서 지내자!

Let's keep in touch!

렛츠 키핀 터취

■ 좋아, 내가 편지 쓸게.

Sure, I'll write you.

슈얼, 아일 라잇츄

■ 그 때가 기다려지는군.

I'll be looking forward to it.

아일 비 룩킹 포워드 투 잇

명함&연락처 주고받을 때

표현문형

여기 제 명함입니다. **Here's my business card.**

아, 제 명함도 여기 있습니다. **Oh, here's mine**

■ 연락처를 알려주시겠어요?

Can I have your contact number?

캐나이 해뷰어 컨택트 넘벌

■ 제 사무실로 연락주십시오.

I'll be in my office. You can catch me there.

아일 비 인 마이 오피스. 유 캔 캐취 미 데얼

■ 이 번호로 하면 언제나 연락이 되나요?

Are you at this number all the time?

아 유 앳 디쓰 넘벌 오올 더 타임

■ 다른 연락처가 있습니까?

Do you have another contact number?

두 유 해브 어나덜 컨택트 넘벌

■ 그와 상의할 문제가 좀 있습니다.

I have something to discuss with him.

아이 해브 썸띵 투 디스커스 위드 힘

■ 팩스번호가 어떻게 됩니까?

Can I have your fax number?

캐나이 해뷰어 팩스 넘벌

■ 그와 어떻게 연락할 수 있을까요?

How can I contact him?

하우 캐나이 컨택트 힘

■ 이메일 주소를 알 수 있을까요?

Can I have your e-mail address?

캐나이 해뷰어 이메일 어드레스

■ 자택 전화번호 좀 알려주실래요?

Can I have your home number?

캐나이 해뷰어 호움 넘벌

■ 저의 명함이에요.

This is my business card.

디쓰 이즈 마이 비즈니스 카알드

■ 제 휴대폰 번호를 알려드리겠습니다.

I will tell you my cell number.

아이 윌 텔 유 마이 쎌 넘벌

■ 내 전화번호를 알려줄게.

I'll give you my phone number.

아일 기브 유 마이 포운 넘벌

■ 언제든지 연락해.

Contact me anytime.

컨택트 미 에니타임

Feeling Expression English

사람의 감정이나 기분을 나타내는 표현은 정말 다양하죠. 상대방에게 자신의 감정을 잘 표현한다는 것은 정말 어려운 일입니다. 이 장에서는 감사의 마음을 표현하고 축하나 위로를 전하는 말, 놀라거나 당황했을 때, 화가 날 때의 표현 등 우리의 생생한 느낌과 마음을 그대로 표현할 수 있는 다양한 감정표현을 담았습니다.

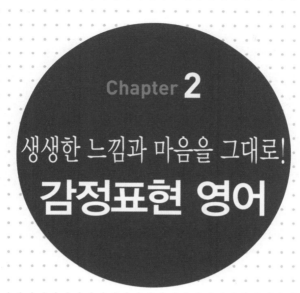

Chapter **2**

생생한 느낌과 마음을 그대로!
감정표현 영어

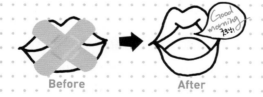

Before → After

감사의 마음을 전할 때

도와주셔서 감사합니다. **Thank you for your help.**

별말씀을요. **You're most welcome.**

■ 어떻게 감사를 드려야 할지 모르겠어요.

I don't know how to thank you enough.

아이 돈(트) 노우 하우 투 땡큐 이너프

■ 고맙다는 말씀을 전하고 싶었어요.

I would like to express my thanks.

아이 우드 라익 투 익스프레스 마이 땡스

■ 다들 고마워하고 있어요.

Everyone appreciates what you have done.

에브리원 어프리쉬에이츠 왓 유 해브 던

■ 배려해 주신 데 대해 감사드립니다.

I appreciate your consideration.

아이 어프리쉬에잇 유어 컨시더레이션

■ 칭찬해 주셔서 감사합니다.

Thanks for your compliment.

땡스 풔 유어 컴플리먼트

■ 도와주신 데 대해 감사드립니다.

I appreciate your help.

아이 어프리쉬에잇 유어 헬프

■ 그 점 고맙게 생각합니다.

I appreciate it very much.

아이 어프리쉬에잇 잇 베리 머취

■ 그렇게 해주시면 저야 감사하죠.

I'd appreciate it if you could do that.

아이드 어프리쉬에잇 잇 이퓨 쿠드 두 댓

■ 제가 오히려 고맙죠.

I should be the one to thank you.

아이 슈드 비 디 원 투 땡큐

■ 이 영광은 저를 도와주신 모든 분들께 돌리고 싶어요.

I'd like to credit this glory to everyone who helped me.

아이드 라익 투 크레딧 디쓰 글로리 투 에브리원 후 헬프드 미

■ 당신이 베푼 은혜 평생 잊지 못할 거예요.

I'll never forget what you have done for me.

아일 네벌 포겟 왓 유 해브 던 풔 미

■ 그렇게 말씀해 주시니 감사합니다.

It's kind of your to say that.

잇츠 카인더브 유어 투 쎄이 댓

■ 앞으로 더욱 열심히 하겠어요.

I'll keep on trying my best.

아일 키펀 트라잉 마이 베스트

12 기쁜 날 축하할 때

■ 축하해요! 나도 기뻐요.

Congratulations! I'm really happy for you.

컨그래츄레이션스! 아임 리얼리 해피 풔 유

■ 생일 축하해요!

Happy birthday to you!

해피 벌스데이 투 유

■ 만수무강하십시오!

Many happy returns!

메니 해피 리턴스

■ 결혼기념일을 축하한다!

Happy anniversary!

해피 에너벌서리

■ 은혼식을 축하드립니다!

Happy silver wedding anniversary!

해피 실버 웨딩 에너벌서리

■ 금혼식을 축하드립니다!

Happy golden wedding anniversary!

해피 골든 웨딩 에너벌서리

■ 임신하셨다면서요?

I hear that you'll be having a baby soon.

아이 히얼 댓 유일 비 해빙 어 베이비 쑤운

■ 득남하셨다면서요?

I heard you had a baby boy.

아이 헐드 유 해더 베이비 보이

■ 정말 잘됐어요!

I'm glad to hear that!

아임 글래드 투 히얼 댓

■ 승진을 축하합니다!

Congratulations on your promotion!

컨그래츄레이션스 언 유어 프러모우션

■ 성공을 축하드립니다!

Congratulations on your success!

컨그래츄레이션스 언 유어 썩쎄스

■ 대학교에 합격한 것을 축하한다!

Congratulations on getting into university!

컨그래츄레이션스 언 게딩 인터 유너벌서티

■ 너 수석 졸업했다면서? 축하한다!

You graduated at the top of your class. Congratulations!

유 그래듀에이티드 앳 더 탑 어브 유어 클래스. 컨그래츄레이션스

13 칭찬할 때

표현문형

당신 참 친절하시네요. **That's very nice of you.**

칭찬해 주시니 감사합니다. **Thanks for the praise.**

■ 당신 명성이 자자하시더군요.

Your reputation precedes you.
유어 레퓨테이션 프리시즈 유

■ 당신 능력이 대단하군요.

You must be a man of ability.
유 머스트 비 어 맨 어브 어빌러티

■ 당신은 그럴 만한 자격이 있어요. 최고예요!

You deserve it. You're the best!
유 디절브 잇. 유아 더 베스트

■ 당신은 상 받을 자격이 있어요.

You are worthy of the award.
유 아 월디 어브 디 어워드

■ 우리 모두 그에게 큰 박수를 보냅시다!

Let's all give him a big hand!
렛츠 오올 기브 힘 어 빅 핸드

■ 사진보다 실제로 보니 더 아름다우시네요.

You're lovelier than your pictures.
유아 러블리어 댄 유어 픽철스

■ 당신 참 친절하시네요.

That's very nice of you.

댓츠 베리 나이스 어브 유

■ 당신과 대화하는 건 재미있어요.

It's fun talking to you.

잇츠 펀 토킹 투 유

■ 손재주가 좋으시네요.

You are good with hands.

유 아 굿 위드 핸즈

■ 아주 좋았어요!

Definitely two thumbs up!

데퍼닛리 투우 떰즈 업

■ 너는 참 인사성이 밝구나.

You always know the right thing to say.

유 오올웨이즈 노우 더 롸잇 띵 투 쎄이

■ 오늘 발표 참 좋았어.

It was a good presentation today.

잇 워즈 어 굿 프리젠테이션 터데이

■ 네가 정말 자랑스럽구나.

I'm so proud of you.

아임 쏘우 프라우드 어브 유

14 기원이나 바람을 말할 때

성공을 빌어요. **I'll pray for your success.**

고마워요. 저도 그러길 바라요. **Thank you. I hope so.**

■ 행운을 빌어!

Good luck!

굿 럭

■ 행운을 빌어요.

I'll keep my fingers crossed for you.

아일 키프 마이 핑걸스 크로스트 풔 유

■ 성공을 빌어요.

I'll pray for your success.

아일 프레이 풔 유어 썩쎄스

■ 새로운 직장에서 성공하길 빌어요.

May you succeed in your new job.

메이 유 썩씨드 인 유어 뉴우 잡

■ 모든 일이 잘되길 바랄게요.

I hope things will turn out well for you.

아이 호우프 띵스 윌 턴 아웃 웰 풔 유

■ 좋은 일만 가득하길 빌어요.

All the best for you.

올 더 베스트 풔 유

■ 항상 기쁜 일만 가득하시길 빌겠습니다.

May you always be happy.
메이 유 오올웨이즈 비 해피

■ 네 삶이 항상 행복하길 바랄게.

I wish you all the best in life.
아이 위쉬 유 오올 더 베스틴 라이프

■ 건강 조심하세요.

Take care of your health.
테익 케어러브 유어 헬스

■ 새해 복 많이 받으세요!

Happy New Year!
해피 뉴우 이얼

■ 모든 게 다 잘될 거예요.

Everything will be fine.
에브리띵 윌 비 파인

■ 즐거운 시간되시길!

Have a good time!
해브 어 굿 타임

■ 즐거운 여행되세요!

Have a good trip!
해브 어 굿 트립

15 맞장구 칠 때

표현문형

나 오늘밤에 데이트할 거야. **I've got a date tonight.**

와, 정말 부럽다! **How nice!**

■ 재미있군요!

That's interesting!

댓츠 인터레스팅

■ 그래서 그랬군요.

So, that's what it was.

쏘우, 댓츠 왓 잇 워즈

■ 아 맞다, 그러니까 생각나네요.

Oh, that reminds me.

오우, 댓 리마인즈 미

■ 정말이요?

Oh, really?

오우, 리얼리

■ 그래요?

Is that so?

이즈 댓 쏘우

■ 그건 좀 너무했네요.

That's over the limit.

댓츠 오우벌 더 리밋

■ 확실해요?

Are you sure about that?

아 유 슈얼 어바웃 댓

■ 말도 안 돼요.

That's absurd.

댓츠 업서드

■ 이런, 유감이군요.

That's too bad.

댓츠 투우 베드

■ 알았어요.

All right.

올 라잇

■ 진짜요?

You serious?

유 시어리어스

■ 설마요!

No way!

노우 웨이

■ 설마 그럴 리가요!

That can't be right!

댓 캔(트) 비 라잇

16 농담 주고받을 때

지금 나 놀리는 거야? **Are you making fun of me?**

화내지 마. 농담이야. **Don't get upset. I'm joking.**

■ 날 놀리는 거죠?

Are you pulling my leg?
아 유 풀링 마이 레그

■ 지금 나 놀리는 거예요?

Are you making fun of me?
아 유 메이킹 펀 어브 미

■ 너 농담하는 거지?

You are joking, right?
유 아 조우킹, 라잇

■ 농담이에요.

I was just joking.
아이 워즈 저스트 조우킹

■ 농담하는 것뿐이에요.

I'm just joking around.
아임 저스트 조우킹 어라운드

■ 장난이에요.

It was just a prank.
잇 워즈 저스트 어 프랭크

- 화내지 마세요.

    Don't be angry with me.

    돈(트) 비 앵그리 위드 미

- 농담 그만 해.

    Stop joking around.

    스탑 조우킹 어라운드

- 농담하지 마라!

    No kidding!

    노우 키딩

- 나 지금 농담할 기분 아니야.

    I'm not in the mood for jokes.

    아임 낫 인 더 무드 풔 조우크스

- 그만 좀 웃겨라.

    Stop making me laugh.

    스탑 메이킹 미 래프

- 뭐가 그렇게 웃기냐?

    What's so funny?

    왓츠 쏘우 퍼니

- 나 농담하는 거 아니야.

    I'm not kidding.

    아임 낫 키딩

17 슬픔이나 절망에 빠졌을 때

표현문형

전 이제 끝장이에요. **I've got my back to the wall.**

너무 상심하지 마세요. **You're taking this too hard.**

■ 안 좋아 보이는군요. 무슨 일 있어요?

You don't look so good. What's the problem?

유 돈(트) 룩 쏘우 굿. 왓츠 더 프라블럼

■ 이보다 더 나쁜 일은 없을 거예요.

Nothing could be worse than this.

너띵 쿠드 비 월스 댄 디쓰

■ 요즘 어머니의 용태가 더욱 나빠지셨어요.

My mother has been taken worse recently.

마이 마덜 해즈 빈 테이컨 워얼스 리슨들리

■ 전 눈앞이 캄캄해요.

My life is so hopeless.

마이 라이프 이즈 쏘우 호우플리스

■ 모든 게 수포로 돌아갔어요.

All my efforts come to nothing.

오올 마이 에펄츠 컴 투 너띵

■ 나 이제 어떻게 하죠?

What am I supposed to do?

왓 엠 아이 써포즈드 투 두

■ 이제 끝이에요. 난 모든 걸 잃었어요.

I'm finished. I've lost everything.
아임 피니쉬드. 아이브 로스트 에브리띵

■ 아무 희망이 없어요.

There's just no more hope.
데얼즈 저스트 노우 모얼 호우프

■ 나에게 미래는 없어요.

I have no future.
아이 해브 노우 퓨철

■ 나는 울고 싶어요.

I feel like crying.
아이 피일 라익 크라잉

■ 나는 눈물이 나요.

I have tears in my eyes.
아이 해브 티어즈 인 마이 아이즈

■ 나는 마음이 아파요.

I'm heartbroken.
아임 하알트브로우컨

■ 슬픈데 더 우울하게 만들지 말아요.

I'm sad. Don't make it worse.
아임 쎄드. 돈(트) 메이킷 월스

18 위로의 마음을 전할 때

표현문형

이제 나는 절망적이에요. **My life is so hopeless.**

기운 내세요. **Pull yourself together.**

■ 왜 그렇게 우울한 얼굴이에요?
   Why the long face?
   와이 더 로옹 페이스

■ 당신 슬퍼 보이네요.
   You look so sad.
   유 룩 쏘우 쎄드

■ 슬픈 일이에요. 힘드시겠어요?
   That's so sad. How are you holding up?
   댓츠 쏘우 쎄드. 하우 아 유 호울딩 업

■ 이런, 안됐군요. 마음이 아프네요.
   I'm sorry to hear that. I'm in grieving.
   아임 쏘리 투 히얼 댓. 아임 인 그리빙

■ 너무 걱정하지 말아요.
   Don't worry. Take it easy.
   돈(트) 워리. 테이킷 이지

■ 너무 상심하지 마세요.
   You're taking this too hard.
   유아 테이킹 디쓰 투우 하알드

■ 참고 견뎌보세요.

   Hang in there.

   행 인 데얼

■ 내일 일은 내일 걱정하세요.

   Tomorrow will look after itself.

   터마로우 윌 룩 애프털 잇쎌프

■ 실망하지 마세요. 당신은 다시 시작할 수 있어요.

   Don't be dejected. You can start anew.

   돈(트) 비 디젝티드. 유 캔 스탈트 어뉴

■ 긍정적으로 생각하세요.

   Always look on the bright side.

   오올웨이즈 루컨 더 브라잇 싸이드

■ 자신을 믿어보세요.

   Believe in yourself.

   빌리브 인 유어쎌프

■ 세상 일이 다 그런 거예요.

   It's just one of those things.

   잇츠 저스트 원 어브 도우즈 띵스

■ 기운 내세요.

   Pull yourself together.

   푸울 유어쎌프 투게덜

19 놀라거나 당황했을 때

간 떨어질 뻔했어. **I almost dropped a load.**

미안. 그러려고 한 건 아닌데. **I'm sorry. I didn't mean to.**

■ 놀랐잖아요.

You surprised me.

유 써프라이즈드 미

■ 정말 놀랍구나!

What a surprise!

왓 어 써프라이즈

■ 하느님 맙소사! 놀라서 말도 못하겠군요.

Oh, God! I'm dumbstruck.

오, 가드! 아임 덤스트럭

■ 세상에!

What in the world!

왓 인 더 월드

■ 이거 충격적인데요.

That's a bit of a shock.

댓처 빗 어브 어 쇼크

■ 이건 예상 밖인데요.

No one would've guessed.

노우 원 우드브 게스트

■ 할 말을 잃었어요. (말문이 막히네요.)

I was tongue-tied.

아이 워즈 텅타이드

■ 웬 날벼락이에요!

That's a bolt out of the blue!

댓츠 어 볼타웃 어브 더 블루

■ 난 믿을 수 없어요.

I can't believe it.

아이 캔(트) 빌리빗

■ 나는 아무렇지도 않아.

It doesn't matter to me.

잇 더즌(트) 메덜 투 미

■ 오, 이런! 말도 안 돼!

Oh, no! No way!

오우, 노우! 노우 웨이

생생 키워드 깜짝 놀라거나 당황했을 때, 어떤 일을 보고
감탄했을 때 흔히 사용할 수 있는 감탄사를 알아보죠.

(기분 좋을 때)	우와! whoopee! 신난다, 야호! Yahoo!
	와우! Wow (cool)! 만세! hurrah!
(놀람, 당황했을 때)	아아! Ah, me! 이런! Gee! 어이쿠! Oops!
	맙소사! Oh, my god! 어휴 whew! 으악! Ugh!
(기분 나쁠 때)	제길! Shit! 쯧쯧! tut-tut!
(나오신다, 기대하시라)	짠 tada! (조용히) 쉿! shh!
(무언가 알아냈을 때)	아하! aha! (아플 때) 아야! ouch!

불만이나 화를 낼 때

저리 가, 너한테 질렸어! Get lost, I'm fed up with you!

제발 화내지 마라. Please don't get mad at me.

■ 당신은 항상 불평만 해요.

You're always complaining.

유아 오올웨이즈 컴플레이닝

■ 너무 스트레스 받아요. 제발 그만 좀 해요!

I'm stressed out. Just stop it!

아임 스트레스트 아웃. 저스트 스탑 잇

■ 그 일 생각만 해도 지긋지긋해요.

This work is tedious even thinking about it.

디쓰 월크 이즈 티디어스 이번 띵킹 어바우딧

■ 맙소사! 또 시작이군.

Oh, my gosh! Here we go again.

오우, 마이 가쉬! 히얼 위 고우 어겐

■ 지루해서 죽는 줄 알았어!

It was a real drag!

잇 워즈 어 리얼 드레그

■ 그만 좀 투덜거릴래!

Oh, quit your bellyaching!

오우, 퀏 유어 벨리에이킹

■ 날 좀 가만히 내버려 두세요!

Let me be alone!

렛 미 비 얼로운

■ 무엇 때문에 그렇게 화가 난 거예요?

What are you all worked up about?

왓 아 유 오올 월크덥 어바웃

■ 내게 이래라저래라 하지 마!

Don't try to lecture me!

돈(트) 트라이 투 렉철 미

■ 말이 좀 지나치군요. 참는 것도 한계가 있어요.

You are out of line. There is a limit to my patience.

유 아 아웃 어브 라인. 데어리저 리밋 투 마이 페이션스

■ 너 때문에 화가 나 미치겠다.

You're driving me up the wall.

유아 드라이빙 미 업 더 월

■ 화내지 마세요.

Please don't get mad at me.

플리즈 돈(트) 겟 메댓 미

■ 왜 내게 화풀이 하니?

Why are you taking it out on me?

와이 아 유 테이킹 잇 아웃 언 미

21 사과와 용서를 구할 때

기분 나빴다면 미안해요. **I'm sorry if it offended you.**

다신 이런 일 없도록 해주세요. **Don't let it happen again.**

■ 정말 죄송합니다.

I'm very sorry.

아임 베리 쏘리

■ 죄송합니다, 저 때문에.

Sorry that I blew it.

쏘리 댓 아이 블루 잇

■ 폐를 끼쳐서 대단히 죄송합니다.

I'm sorry for all the troubles that I have caused.

아임 쏘리 풔 오올 더 트러블즈 댓 아이 해브 커즈드

■ 더 일찍 답장을 못해 드려서 대단히 죄송합니다.

I'm very sorry not to have answered earlier

아임 베리 쏘리 낫 투 해브 앤썰드 어얼리어

■ 제가 말실수를 했습니다.

I shouldn't have said that.

아이 슈든(트) 해브 쎄드 댓

■ 잘못은 저에게 있습니다.

I blame no one but myself.

아이 블레임 노우 원 벗 마이쎌프

■ 용서해 주십시오.

Please forgive me.

플리즈 퍼기브 미

■ 제 사과를 받아주세요.

Please accept my apology.

플리즈 억셉트 마이 어팔러지

■ 일부러 그런 게 아니었습니다.

I didn't do it on purpose.

아이 디든(트) 두 잇 언 펄포스

■ 다시는 이런 일이 없을 겁니다.

This won't happen again.

디쓰 원(트) 해펀 어겐

■ 만회할 기회를 한번 주십시오.

Give me a chance to make it up to you.

기브 미 어 챈스 투 메이킷 업 투 유

■ 괜찮아요. 그럴 수도 있죠.

No problem. It can happen to anyone.

노우 프라블럼. 잇 캔 해펀 투 에니원

■ 변명하지 마세요!

Don't reason with me!

돈(트) 리즌 위드 미

22-a 기분을 나타내는 표현

기분이 좀 어때? **How are your feeling?**

오늘 기분 정말 꿀꿀해. **I'm feeling pretty out today.**

■ 정말 기분 좋아요.

I'm so happy.

아임 쏘우 해피

■ 기분이 날아갈 것 같아요.

I feel like a million bucks.

아이 필 라이커 밀리언 벅스

■ 기분이 끝내줘요!

What a great feeling!

왓 어 그레잇 필링

■ 심장이 두근거려요.

My heart is pounding like a drum.

마이 할트 이즈 파운딩 라이커 드럼

■ 한숨도 못 잤어요.

I haven't slept a wink.

아이 해븐(트) 슬렙트 어 윙크

■ 무척 긴장돼요.

I'm a nervous wreck.

아임 어 너얼버스 렉

■ 시원섭섭해요.

It's a bittersweet feeling.

잇처 비덜스위트 필링

■ 매우 만족해요.

I'm very pleased with it.

아임 베리 플리즈드 위드 잇

■ 듣던 중 반가운 소리군요.

I'm glad to hear that.

아임 글래드 투 히얼 댓

■ 그저 그래요.

So so.

쏘우 쏘우

■ 만감이 교차하네요.

I have mixed emotions.

아이 해브 믹스트 이모우션스

■ 우울해요.

I'm feeling down.

아임 필링 다운

■ 너무 슬퍼요.

I'm so sad.

아임 쏘우 쎄드

■ 고민이 많아요.

I have a lot on my mind.

아이 해브 어 랏 언 마이 마인드

■ 무서워 죽는 줄 알았어요.

I was scared to death.

아이 워즈 스케얼드 투 대쓰

■ 소름끼쳐요.

It made my skin crawl.

잇 메이드 마이 스킨 크로올

■ 너무 괴로워요.

I'm distressed.

아임 디스트레스트

■ 눈앞이 캄캄하네요.

I feel so hopeless.

아이 필 쏘우 호우플리스

■ 울고 싶어요.

I feel like crying.

아이 필 라익 크라잉

■ 마음이 아파요.

I'm grieving.

아임 그리빙

■ 나는 지금 초조해요.

I'm on the edge right now.

아임 언 디 엣지 롸잇 나우

■ 기분이 그냥 좀 그래서요.

I was in a mood.

아이 워즈 이너 무드

■ 기분이 나빠요.

I feel bad.

아이 필 배드

■ 그가 나를 정말 열 받게 했어요.

He really pissed me off.

히 리얼리 피스트 미 오프

■ 화가 납니다!

I'm getting angry!

아임 게딩 앵그리

생생 키워드　감정이나 기분을 나타내는 표현을 알아보죠.

환상적이에요! Fantastic!　아주 훌륭해요! Excellent!

무서워요! Terrible!　정나미가 떨어져요! Disgusting!

당황스러워요! So embarrassing!　무례하군요! So rude!

만족해요. I'm satisfied.　불쌍해요. Poor thing.

참 뻔뻔스럽군! What a nerve!　창피해! What a shame!

정말 미쳐 버리겠네. I'm really mad.　끔찍해! That's awful!

아름다워! Beautiful!　사랑스러워! Lovely!　귀여워! Pretty!

Everyday Life English

우리는 오늘 날씨가 어떤지 퇴근시간이 되려면 얼마 남았는지, 약속을 정하고 사람들을 만나고, 맛있는 음식을 먹고 쇼핑을 즐기는 작은 일상에서 행복을 느끼며 삽니다. 이 장에서는 날짜와 시간을 알아볼 때, 약속을 정할 때, 성격이나 외모를 표현할 때, 전화할 때, 길을 물을 때, 교통편을 이용할 때, 레스토랑을 이용할 때, 쇼핑을 즐길 때 등 우리가 일상생활에서 가장 많이 쓰는 기본표현을 담았습니다.

Chapter **3**

가장 많이 쓰는 기본표현!
알짜 생활영어

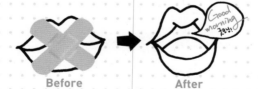

Before   After

요일이나 날짜 확인할 때

표현문형

오늘 며칠인가요? **What's the date today?**

9월 10일이에요. **It's September 10th.**

■ 오늘은 무슨 요일인가요?
What day is it today?
왓 데이 이즈 잇 터데이

■ 오늘이 며칠인가요?
What's the date today?
왓츠 더 데잇 터데이

■ 이번 달에 무슨 공휴일이 있나요?
What holidays do we have this month?
왓 할러데이즈 두 위 해브 디쓰 먼쓰

■ 다음 주 금요일이 무슨 날인가요?
What's the occasion next Friday?
왓츠 디 어케이젼 넥스트 프라이데이

■ 모레가 무슨 날이에요?
What's the day after tomorrow?
왓츠 더 데이 애프털 터마로우

■ 너 생일이 언제야?
When is your birthday?
웬 이즈 유어 벌쓰데이

■ 너 방학이 언제부터야?

When do you start your vacation?

웬 두 유 스탈트 유어 베이케이션

■ 크리스마스는 무슨 요일인가요?

What day is Christmas on this year?

왓 데이 이즈 크리스마스 언 디쓰 이얼

■ 얼마 동안 계실 예정인가요?

How many days will you be staying?

하우 메니 데이즈 윌 유 비 스테잉

■ 언제 떠날 건가요?

When are you leaving?

웬 아 유 리빙

■ 당신 회사의 설명회는 언제입니까?

When is your presentation meeting?

웬 이즈 유어 프리젠테이션 미딩

■ 오늘 저녁으로 예약을 했어요.

I have a reservation for this evening.

아이 해브 어 레절베이션 풔 디쓰 이브닝

■ 달력을 확인해 보겠어요.

Let me check my calendar.

렛 미 첵 마이 캘런덜

24 시간 알아볼 때

지금 몇 시인가요? **What time is it now?**

9시 정각이에요. **It's nine o'clock on the dot.**

■ 지금 몇 신가요?

What time is it now?

왓 타임 이즈 잇 나우

■ 시간이 어떻게 됐나요?

Do you have the time?

두 유 해브 더 타임

■ 거의 10시가 다 되었군요.

It's almost ten.

잇츠 오올모우스트 텐

■ 9시 15분이에요.

It's a quarter past nine.

잇츠 어 쿼어덜 패스트 나인

■ 낮 12시입니다.

It's noon.

잇츠 누운

■ 당신 시계로는 몇 시인가요?

What's the time on your watch?

왓츠 더 타임 언 유어 왓치

■ 7시 정각입니다.

It's seven o'clock on the dot.

잇츠 쎄븐 어클락 언 더 다트

■ 제 시계는 5분 빠른데요.

My watch is five minutes early.

마이 왓치 이즈 파이브 미니츠 어얼리

■ 저는 시계가 없어요.

I don't have a watch.

아이 돈(트) 해브 어 왓치

■ 몇 시에 갈까요?

What time do you want me to come?

왓 타임 두 유 원트 미 투 컴

■ 언제 도착했나요?

When did you arrive?

웬 디쥬 어라이브

■ 왜 늦었나요?

Why are you late?

와이 아 유 레잇

■ 얼마나 걸리나요?

How long does it take?

하울 로옹 더즈 잇 테익

25 날씨 묻고 대답할 때

서울 날씨는 어때요? **What's the weather like in Seoul?**

비가 올 것 같아요. **It looks like rain.**

■ 오늘 날씨가 어떤가요?

How's the weather today?
하우즈 더 웨덜 터데이

■ 오늘 첫눈이 올 거래요.

There will be a first snowfall today.
데얼 윌 비 어 펄스트 스노우펄 터데이

■ 오늘 고약한 날씨군요.

The weather is nasty today.
더 웨덜 이즈 내스티 터데이

■ 정말 좋은 날씨예요, 안 그래요?

It's nice day, isn't it?
잇츠 나이쓰 데이, 이즌(트) 잇

■ 날씨가 무척 더워요.

Muggy day.
머기 데이

■ 너무 춥군요.

It's so cold.
잇츠 쏘우 코울드

■ 오늘 비가 올 것 같아요.

It looks like it's going to rain today.
잇 룩스 라익 잇츠 고우잉 투 레인 터데이

■ 바람이 심하게 불어요.

It's a gusty day.

잇츠 어 거스티 데이

■ 내일은 날씨가 좋을까요?

Will it be fine tomorrow?

윌 잇 비 파인 터마로우

■ 내일 날씨가 어떨 것 같아요?

What's the weather going to be like tomorrow?

왓츠 더 웨덜 고우잉 투 비 라익 터마로우

■ 일기예보에선 내일 날씨가 흐릴 거라고 했어요.

The forecast calls for a cloudy day.

더 포얼캐스트 콜즈 풔러 클라우디 데이

생생 키워드   날씨에 관한 표현을 알아보죠.

눈 snow 스노우   진눈깨비 sleet 슬리-트   번개 lightning 라이트닝

비 rain 레인   구름 cloud 클라우드   비구름 rain cloud 레인클라우드

장마철 rainy season 레이니 시즌   홍수 flood 플러드

무지개 rainbow 레인보우   산들바람 breeze 브리-즈

회오리바람 tornado 토-네이도우   뭉게구름 cumulus 큐-뮬러스

26-a 약속 정하기

수요일에 시간 있어요? **Are you free on Wednesday?**

시간이 안 되는데요. **I have no time to spare.**

■ 내일 시간 있어요?

Do you have time tomorrow?
두 유 해브 타임 터마로우

■ 제게 시간 좀 내주실래요?

Can you make time for me?
캐뉴 메익 타임 풔 미

■ 언제 시간이 나세요?

When are you available?
웬 아 유 어베일러블

■ 오늘 저녁에 시간 있으세요?

Are you free this eventing?
아 유 프리 디쓰 이브닝

■ 당신이 떠나기 전에 한번 봤으면 좋겠어요.

I want to see you before you leave.
아이 원 투 씨 유 비포올 유 리브

■ 사실 나도 한번 만났으면 했어요.

In fact, I wanted to see you too.
인 팩트, 아이 원티드 투 씨 유 투우

■ 몇 시가 좋아요?

What's a good time for you?

왓처 굿 타임 풔 유

■ 아무 때나요. 당신이 시간 정하세요.

Any time will be fine. You set the time.

에니 타임 윌 비 파인. 유 셋 더 타임

■ 어디에서 만날까요?

Where is a good place to meet?

웨어리저 굿 플레이스 투 미잇

■ 언제 어디서 만날까요?

When do you want to meet and where?

웬 두 유 원 투 미잇 앤 웨얼

■ 어디 좋은 곳을 아세요?

Do you know any good places?

두 유 노우 에니 굿 플레이시스

■ 이번 주말에 약속 있어요?

Do you have any plans for this weekend?

두 유 해브 에니 플랜스 풔 디쓰 위캔드

■ 다음 주는 어떠세요?

How about next week?

하우 어바웃 넥스트 위크

- 수요일에 시간 있어요?

   Are you free on Wednesday?

   아 유 프리 언 웬즈데이

- 이번 화요일에 뭐 할 거예요?

   What are you doing this Tuesday?

   왓 아 유 두잉 디쓰 튜우즈데이

- 특별한 약속은 없어요.

   I have nothing on my calendar.

   아이 해브 너띵 언 마이 캘런덜

- 그날은 너무 바쁜데요.

   I'm really busy that day.

   아임 리얼리 비지 댓 데이

- 그날은 일이 많아서 꼼짝할 수가 없어요.

   I'm tied up at work that day.

   아임 타이덥 앳 월크 댓 데이

- 그날은 선약이 있는데요.

   I already have plans for that day.

   아이 오올레디 해브 플랜스 풔 댓 데이

- 그럼 금요일은 어떠세요?

   Would Friday work better?

   우드 프라이데이 월크 베덜

■ 저녁에 시간이 나요.

I'm free in the evening.

아임 프리 인 디 이브닝

■ 7시 어떠세요?

How about seven o'clock?

하우 어바웃 쎄븐 어클락

■ 가고 싶던 데가 있어요?

What did you have in mind?

왓 디쥬 유 해브 인 마인드

■ 이쪽으로 오시겠어요?

Would you like to come over?

우듀 라익 투 컴 오우벌

■ 제가 그쪽으로 가는 게 어때요?

Shall I come your way?

쉘 아이 컴 유어 웨이

■ 중간쯤에서 만나는 게 어때요.

I think that we can meet halfway.

아이 띵크 댓 위 캔 미잇 해프웨이

■ 저는 상관없는데요.

Don't mind me.

돈(트) 마인드 미

表현문형

약속을 앞당길 수 있을까요? **Can we meet earlier?**

그래요, 몇 시로요? **Yeah, no problem. What time?**

■ 왜 이제야 오는 거예요?

What took you so long?
왓 투큐 쏘우 로옹

■ 늦어서 미안해요.

I'm sorry I'm late.
아임 쏘리 아임 레잇

■ 기다리게 해서 미안해요.

I'm sorry to have kept you waiting.
아임 쏘리 투 해브 켑튜 웨이딩

■ 오랫동안 기다렸어요?

Have you been waiting for a long time?
해뷰 빈 웨이딩 풔러 로옹 타임

■ 약속을 잊은 거예요?

Did you forget about the appointment?
디쥬 퍼겟 어바웃 디 어포인트먼트

■ 그녀는 조금 늦는다고 했어요.

She said she was going to be late.
쉬 쎄드 쉬 워즈 고우잉 투 비 레잇

■ 그녀는 항상 늦는군요.

She's always late.

쉬즈 오올웨이즈 레잇

■ 더 이상은 못 기다리겠어요.

I can't wait any more.

아이 캔(트) 웨잇 에니 모얼

■ 언제 왔어요?

When did you get here?

웬 디쥬 겟 히얼

■ 오늘 약속을 내일로 미룰 수 있을까요?

Can we meet tomorrow and not today?

캔 위 미잇 터마로우 앤드 낫 터데이

■ 우리 다음에 만나면 안 될까요?

Is it possible for us to meet later?

이즈 잇 파써블 풔러스 투 미잇 레이덜

■ 다음 기회로 미루면 어때요?

Can we do that next time?

캔 위 두 댓 넥스트 타임

■ 약속을 앞당길 수 있을까요?

Can we meet earlier?

캔 위 미잇 어얼리어

28 성격을 말할 때

표현문형

그 사람은 성격이 좋아요. **He has a great personality.**

알아요. 그는 매우 친절해요. **I know. He's very kind.**

■ 당신은 성격이 어떻다고 생각하세요?

What kind of person do you think you are?

왓 카인더브 펄슨 두 유 띵크 유 아

■ 저는 그렇게 사교적이지 못해요.

I'm not that sociable.

아임 낫 댓 쏘우셔블

■ 나는 낙천주의자예요.

I'm such an optimist.

아임 서취 언 압터미스트

■ 나는 비관론자예요.

I'm such a pessimist.

아임 서취 어 페시미스트

■ 나는 개방적이에요.

I'm an open-minded.

아임 언 오우펀 마인디드

■ 저는 밝고 쾌활하다는 소리를 많이 들어요.

They say I'm a cheerful person.

데이 쎄이 아임 어 취어펄 펄슨

■ 친구들은 내성적이라고 해요.

My friends say that I'm an introvert.

마이 프렌즈 쎄이 댓 아임 언 인트러버트

■ 그 사람은 성격이 좋아요.

He has a great personality.

히 해즈 어 그레잇 펄서낼러티

■ 그는 다혈질이에요.

He's hot-tempered.

히즈 핫템펄드

■ 그는 너무 보수적이에요.

He's too conservative

히즈 투우 컨설버티브

■ 그녀는 허풍쟁이예요.

She has a big mouth.

쉬 해즈 어 빅 마우스

■ 그녀는 좀 수줍어하는 것 같아요.

She seems to be kind of shy.

쉬 씸즈 투 비 카인더브 샤이

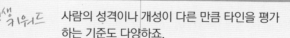 생생 키워드 사람의 성격이나 개성이 다른 만큼 타인을 평가
하는 기준도 다양하죠.

그는 마음씨가 좋은 사람이에요. He has a good temper.
그도 한창 때가 지났어. His best days are gone.
그는 상식이 풍부해요. He has a lot of common sense.
그는 말주변이 좋아. He's good with words.
그는 모든 사람과 잘 지내요. He gets along with everybody.
그는 늘 허풍을 떨어요. He's always talking big.
그녀는 매우 유능해요. She's very capable.
그녀는 믿을 만한 사람이 못 돼. She's not reliable at all.
그녀는 책임감이 없어요. She has no sense of responsibility.

29 외모를 말할 때

표현문형

저는 통통한 편이에요. **I'm slightly plump.**

보기 좋은데요. **You are in good shape.**

■ 키가 크시네요.
You're a tall fellow.
유아러 톨 펠로우

■ 너무 말랐어요.
You're so skinny.
유아 쏘우 스키니

■ 날씬하네요.
You're in good shape.
유아 인 굿 쉐이프

■ 체격이 좋으시네요.
You're well built.
유아 웰 빌트

■ 정말 예쁘세요.
You're so pretty.
유아 쏘우 프리디

■ 당신은 자연스런 아름다움이 있어요.
You're a natural beauty.
유아러 내츄럴 뷰디

■ 당신 보조개가 예쁘네요.
You have such cute dimples.
유 해브 서취 큐우트 딤플스

■ 그녀는 체구가 작아요.

She's so tiny.

쉬즈 쏘우 타이니

■ 그는 잘생겼어요.

He's so handsome.

히즈 쏘우 핸썸

■ 키가 얼마나 되세요?

How tall are you?

하우 톨 아 유

■ 몸무게가 얼마예요?

How much do you weight?

하우 머취 두 유 웨잇

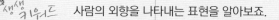

생생 키워드   사람의 외향을 나타내는 표현을 알아보죠.

날씬한 slim 슬림   마른 skinny 스키니   뚱뚱한 fat 패트

못생긴 ugly 어그리   여드름이 난 pimpled 핌플드

보조개 dimple 딤플   둥근 얼굴 round face 라운드 페이스

주름(살) wrinkle 링클   구레나룻 whisker 위스커

짧은 머리 short hair 쇼트 헤어   긴 머리 long hair 롱 헤어

단발머리 bobbed hair 밥드 헤어   곱슬머리 curly hair 커리 헤어

생머리 straight hair 스트레이트 헤어   대머리 bald 볼드

콧수염 mustache 머스태쉬   턱수염 beard 비어드

30 전화를 받을 때

여보세요. 누구신가요? **Hello. May I ask who's calling?**

저예요, 헨리 밀러. **It's me, Henry Miller.**

■ 여보세요, 헨리 밀러입니다.
   Hello, this is Henry Miller speaking.
   헬로우. 디쓰 이즈 헨리 밀러 스피킹

■ 전화 거신 분은 누구십니까?
   who's calling, please?
   후즈 콜링 플리즈

■ 누구시라고 전해 드릴까요?
   May I tell her who's calling?
   메이 아이 텔 허 후즈 콜링

■ 어느 분을 찾으십니까?
   Whom would you like to speak to?
   훔 우듀 라익 투 스피크 투

■ 전화 받으세요.
   There's a call for you.
   데얼즈 어 콜 풔 유

■ 전화 잘못 거셨습니다.
   You've dialed the wrong number.
   유브 다이얼드 더 로옹 넘벌

■ 지금 안 계시는데요.

He's not in at the moment.
히즈 낫 인 앳 더 모우먼트

■ 점심 식사하러 나가셨어요.

He's on his lunch break.
히즈 언 히즈 런취 브레익

■ 메시지를 남기실래요?

Do you want to leave a message?
두 유 원 투 리브 어 메시지

■ 그렇게 전해 드릴게요.

I'll make sure he gets the message.
아일 메익 슈얼 히 겟츠 더 메시지

■ 전화 오는데 누구 전화 좀 받아주세요.

The phone's ringing. Somebody, answer the phone.
더 포운즈 링잉. 썸바디 앤썰 더 포운

■ 잠시만 기다려주세요. 그를 바꿔 드릴게요.

Just a moment, please. I'll get him for you.
저스트 어 모우먼트 플리즈. 아일 겟 힘 풔 유

■ 끊지 말고 기다려주세요.

Please do not hang up while you're being transferred.
플리즈 두 낫 행 업 와일 유아 비잉 트랜스펄드

전화를 걸 때

표현문형

존슨 씨이신가요? **Am I speaking to Mr. Johnson?**

전데요. 누구세요? **Speaking. Who's calling?**

■ 헨리 밀러 씨와 통화할 수 있을까요?
May I speak to Mr. Henry Miller, please?
메이 아이 스픽 투 미스터 헨리 밀러 플리즈

■ 그 사람과 직접 통화했으면 합니다.
If you don't mind, I'd like to talk to him directly.
이퓨 돈(트) 마인드. 아이드 라익 투 톡 투 힘 디렉틀리

■ 금방 전화했던 사람인데요. 헨리와 통화하고 싶어요.
I just called a minute ago. Is Henry there?
아이 저스트 콜드 어 미닛 어고우. 이즈 헨리 데얼

■ 언제쯤 돌아오실까요?
When can I expect to talk to him?
웬 캔 아이 익스펙 투 톡 투 힘

■ 연락이 되면 제게 알려주시겠습니까?
Would you let me know when he comes back?
우듀 렛 미 노우 웬 히 컴스 백

■ 메모를 부탁드립니다.
Please make a note of my call.
플리즈 메이크 어 노우트 어브 마이 콜

■ 헨리에게 전화 왔었다고 전해 주시겠어요?

Could you just tell him that Henry called?

쿠듀 저스트 텔 힘 댓 헨리 콜드

■ 잘못 걸었나 봅니다.

I must have dialed the wrong number.

아이 머스트 해브 다이얼드 더 로옹 넘벌

■ 신호는 가는데 전화를 안 받아요.

It's ringing but no answer.

잇츠 링잉 벗 노우 앤썰

■ 당신과 통화 한번 하기 정말 어렵군요!

You're too difficult to get through to!

유아 투우 디피컬 투 겟 뜨루 투

■ 너무 늦게 전화한 건 아닌가요?

Is this too late?

이즈 디쓰 투우 레잇

■ 너무 일찍 전화해서 죄송합니다.

Forgive me for calling so early.

펄기브 미 풔 콜링 쏘우 어얼리

■ 언제가 통화하기 편하세요?

When is a good time for you?

웬 이즈 어 굿 타임 풔 유

■ 미안해요. 한동안 연락을 못했어요.

I'm sorry. I couldn't call you for some time.

아임 쏘리. 아이 쿠든(트) 콜 유 풔 썸 타임

■ 제 말 잘 들리세요?

Can you hear my voice?

캐뉴 히얼 마이 보이스

■ 전화 연결이 안 좋군요. 제 전화에 이상이 있나봅니다.

There's too much static. I think it's my phone.

데얼즈 투우 머춰 스테딕. 아이 띵크 잇츠 마이 포운

■ 무슨 일로 그러십니까?

May I ask what this is in regard to?

메이 아이 애스크 왓 디쓰 이즈 인 리가드 투

■ 그냥 걸었어요.

I just called to say hi.

아이 저스트 콜드 투 쎄이 하이

■ 의논할 문제가 있습니다.

I have something to discuss with you.

아이 해브 썸띵 투 디스커스 위듀

■ 뭐 좀 물어 보려고 합니다.

There's something I'd like to ask you.

데얼즈 썸띵 아이드 라익 투 애스큐

■ 전화 안 받으면 자동응답기에 메시지 남겨주세요.

Please leave your message if I don't answer.

플리즈 리브 유어 메시지 이프 아이 돈(트) 앤써

생생 키워드   휴대폰을 사용할 때 쓸 수 있는 간단한 표현들을 알아보죠.

휴대폰으로 연락할까? Can I call you on your cell phone?
캐나이 콜 유 언 유어 쎌 포운

문자메시지 보낼게. I'll send you a text message.
아일 쎈듀 어 텍스트 메시지

휴대폰도 꺼놓고 뭐해? Why was your phone off?
와이 워즈 유어 포운 오프

진동이라서 못 들었어. I didn't hear the phone ring, it set to vibrate.
아이 디든(트) 히얼 더 포운 링, 잇 셋 투 바이브레잇

이번 달 요금 엄청 많이 나왔어요. My cell phone bill is sky high this month.
마이 쎌 포운 빌 이즈 스카이 하이 디쓰 먼쓰

배터리가 다 돼 가. My cell phone's running on low batteries.
마이 쎌 포운즈 러닝 언 로우 배더리즈

휴대폰을 진동으로 해주세요. Please put cell phones on vibration mode.
플리즈 풋 쎌 포운즈 언 바이브레이션 모우드

휴대폰으로 하지 그래? Why don't you try my cell phone?
와이 돈츄 트라이 마이 쎌 포운

휴대폰 번호는 맞는데. You've got the right cell number.
유브 갓 더 롸잇 쎌 넘벌

번호가 바뀐 것 같은데. I think he changed his cell number.
아이 띵크 히 체인지드 히즈 쎌 넘벌

어떻게 내 새 번호를 알았어? How did you get hold of my new cell number?
하우 디쥬 겟 호울더브 마이 뉴 쎌 넘벌

배터리가 다 돼서 끊어졌어. My cell phone went dead.
마이 쎌 포운 웬트 데드

32 컴퓨터&인터넷 표현

표현문형

내 컴퓨터 너무 느려. **My computer is too slow.**

램이 얼만데? **How much RAM do you have?**

■ 당신 인터넷 정말 빠르군요.

Your Internet connection is very fast.
유어 인터넷 커넥션 이즈 베리 패스트

■ 지금 새로운 MP3를 다운받고 있어요.

I'm downloading same new MP3s.
아임 다운로우딩 쎄임 뉴우 엠피뜨리즈

■ 음악파일 교환해 봤어요?

Have you tried those song-swapping networks?
해브 유 트라이드 도즈 쏭 스와핑 네트웍스

■ 그 사이트 주소가 어떻게 돼요?

What's the Internet address of that web page?
왓츠 디 인터넷 어드레스 어브 댓 웹 페이지

■ 이 플래시 무비 정말 재밌어요.

This flash movie is hilarious.
디쓰 플리쉬 무비 이즈 힐레어리어스

■ 내 이메일을 확인하려고요.

I'm going to check my e-mail.
아임 고우잉 투 첵크 마이 이메일

■ 이메일 주소를 알려주실래요?

Can you tell me your e-mail address?

캐뉴 텔 미 유어 이메일 어드레스

■ 사람들에게 이메일을 잘못 보냈어요.

I've sent wrong e-mails to people.

아이브 센트 로옹 이메일스 투 피플

■ 인터넷에는 안 좋은 게 너무 많아요.

There's a lot of garbage on the web.

데얼즈 어 랏 어브 갈비지 언 더 웹

■ 스팸 메일이 계속 날라 와요.

I keep getting spam mail.

아이 킵 게딩 스팸 메일

■ 이 팝업 광고 정말 귀찮아요.

These pop-up ads are really annoying.

디즈 팝업 애즈 아 리얼리 어노잉

■ 자꾸만 404 에러가 뜨네.

I'm getting a 404 error.

아임 게딩 어 포 지로 포 에러

■ 서버가 다운되었는지도 몰라요.

Maybe their server is down.

메이비 데얼 써벌 이즈 다운

33 길 물어볼 때

표현문형

길을 좀 물어봐도 될까요? Can I ask you for directions?

저도 여기 잘 몰라요. I'm not familiar with this area.

■ 길을 좀 물어봐도 될까요?

Can I ask you for directions?

캐나이 애스큐 풔 디렉션스

■ 여기가 어딘가요?

Which street am I on?

위치 스트릿 엠 아이 언

■ 제가 길을 잃었는데 도와주실 수 있나요?

I'm lost. Can you help me?

아임 로스트. 캐뉴 헬프 미

■ 저는 여기가 초행길이에요.

I'm a stranger here.

아임 어 스트레인저 히얼

■ 거기까지 걸어서 얼마나 걸릴까요?

How long will it take to walk there?

하울 로옹 윌릿 테익 투 월크 데얼

■ 여기서 얼마나 멀어요?

How far is it from here?

하우 파알 이짓 프럼 히얼

■ 어느 길로 가야 해요? 지름길이 있나요?

Which way can I go? Is there a shortcut?

위치 웨이 캐나이 고우? 이즈 데어러 숄트컷

■ 차로 얼마나 걸리나요?

How long does it take by car?

하울 로옹 더짓 테익 바이 카알

■ 역까지 가는 길을 알려주세요.

Show me the way to the station.

쑈우 미 더 웨이 투 더 스테이션

■ 이 거리의 이름이 뭔지 알려주세요.

Tell me the name of this street.

텔 미 더 네임 어브 디쓰 스트릿

■ 그곳에 가는 가장 좋은 방법은 뭔가요?

Where's the best way to get there?

웨어즈 더 베스트 웨이 투 겟 데얼

■ 좀더 자세히 안내해 줄 수 있어요?

Can you tell me in more detail?

캐뉴 텔 미 인 모얼 디테일

■ 이 지도에 표시를 해주세요.

Mark the place on this map, please.

마크 더 플레이스 언 디쓰 맵 플리즈

34 길 안내할 때

역까지 가는 길을 알려주세요. Show me the way to the station.

음, 제가 약도를 그려드릴게요. Well, let me give you a map.

■ 제가 안내해 드릴게요.

I'll take you there.

아일 테이큐 데얼

■ 찾기가 아주 쉬운데요.

You will get there without any problem.

유 윌 겟 데얼 위다웃 에니 프라블럼

■ 어디를 가시는 길이세요?

Where do you want to go?

웨얼 두 유 원 투 고우

■ 다른 사람에게 물어보세요. 저도 여기 잘 몰라요.

Ask someone else. I'm not familiar with this area.

애스크 썸원 엘스. 아임 낫 퍼밀리어 위드 디쓰 에어리어

■ 저도 거기로 가는 길이에요.

I'm going that way, too.

아임 고우잉 댓 웨이 투우

■ 곧장 가십시오.

Keep going straight.

킵 고우잉 스트레이트

■ 길 건너편에 있어요.

It's on the other side of the road.

잇츠 언 디 아덜 싸이더브 더 로우드

■ 길을 내려가면 바로 있는데요.

It's just down the street.

잇츠 저스트 다운 더 스트릿

■ 한 블록 더 내려가셔야 해요.

You need to go down one block.

유 니드 투 고우 다운 원 블럭

■ 길을 건너가세요.

Walk across the road.

월크 어크로스 더 로우드

■ 이 길로 가면 당신이 찾는 우체국이 보일 거예요.

If you go this way, You will see a post office.

이퓨 고우 디쓰 웨이, 유 월 씨 어 포우스트 오피스

■ 저기 있는 안내표지를 따라가세요.

Just follow the guidance sign over there.

저스트 팔로우 더 가이든스 사인 오우벌 데얼

■ 걸어가긴 너무 먼 거리예요.

It's not within walking distance.

잇츠 낫 위딘 월킹 디스턴스

35 자동차 이용할 때

표현문형

여기에 주차해도 될까요? Can I park here?

죄송해요, 주차하실 수 없어요. I'm sorry, you can't.

■ 운전 잘 하세요?

Are you a good driver?

아 유 어 굿 드라이벌

■ 저는 초보운전자예요.

I just started driving.

아이 저스트 스타티드 드라이빙

■ 저와 가는 방향이 같네요. 태워 드릴게요.

We're going the same way. I'll give you a ride.

위아 고우잉 더 쎄임 웨이. 아일 기뷰 어 라이드

■ 주유소에서 기름을 넣어야겠어요.

Let's stop for gas.

렛츠 스탑 풔 개스

■ 여기 주차해도 될까요?

Can I park here?

캐나이 팔크 히얼

■ 주차요금은 얼마인가요?

How much is the parking fee?

하우 머취 이즈 더 팔킹 피이

■ 자동차 점검을 하러 왔어요.

My car needs to be checked out.

마이 카알 니즈 투 비 첵트 아웃

■ 엔진 오일 좀 봐주실래요?

Could you check the engine oil?

쿠듀 첵 디 엔진 오일

■ 새 타이어로 교체해 주세요.

I need new tires please.

아이 니드 뉴우 타이어즈 플리즈

생생키워드 생활 속에서 자주 쓰는 교통 관련 표현을 알아보죠.

교통질서 traffic order 트래픽 오더　교통신호 traffic light 트래픽 라이트

교통표지 traffic sign 트래픽 사인　교통망 traffic network 트래픽 네트워크

도로지도 road map 로드 맵　도로표지 street sign 스트리트 사인

교차로 crossing 크로씽　가로등 streetlight 스트리트라이트

인도 pavement 페이브먼트　보도 sidewalk 사이드워크

교통경찰 traffic police 트래픽 폴리스　순찰차 patrol car 퍼트로울 카알

추월금지 no passing 노우 패씽　일방통행 one way 원 웨이

좌측통행 keep left 킵 래프트　통행금지 road closed 로우드 크로우즈드

주차장 parking lot 파킹 랏　주차금지 no parking 노우 파킹

운전면허증 driver's license 드라이버즈 라이센스

자동차보험 auto insurance 오토 인슈어런스

36 택시를 탈 때

표현문형

어디로 모실까요? **Where are you going?**

공항으로 가주세요. **I'm going to the airport**

■ 가까운 택시 승차장이 어딘가요?

Where is the nearest taxi stand?

웨어리즈 더 니얼리스트 택시 스탠드

■ 택시 한 대 보내주시겠어요?

Can you send a taxi here immediately?

캐뉴 쎈더 택시 히얼 이미디어들리

■ 이 주소로 가 주세요.

Take me to this address, please.

테익 미 투 디쓰 어드레스 플리즈

■ 여기서 거기까지 얼마나 먼가요?

How far is it from here to there?

하우 파아 이짓 프럼 히얼 투 데얼

■ 천천히 가 주세요.

Please slow down.

플리즈 슬로우 다운

■ 제 생각에는 좀 돌아가는 것 같은데요.

I think you're taking the long way around.

아이 띵크 유아 테이킹 더 로옹 웨이 어라운드

■ 시간이 없어요. 속도를 내주세요.

There is no time to lose. Please speed it up.

데어리즈 노우 타임 투 로즈. 플리즈 스피드 잇 업

■ 저 앞에서 잠깐 세워주실래요?

Can you stop over there for a minute?

캐뉴 스탑 오우벌 데얼 풔러 미닛

■ 저기 상점 앞에 세워주세요.

Stop in front of that store, please.

스탑 인 프런트 어브 댓 스토얼 플리즈

■ 요금은 얼마입니까?

What's the fare?

왓츠 더 페얼

■ 요금이 너무 많이 나온 것 같아요.

The fare is too high for the distance.

더 페얼 이즈 투우 하이 풔 더 디스턴스

■ 잔돈은 그냥 가지세요.

Keep the change.

킵 더 체인지

■ 태워주셔서 감사합니다.

Thank you for the ride.

땡큐 풔 더 라이드

37 지하철 이용하기

어디서 지하철을 갈아타나요? **Where should I transfer?**

사당역이에요. **It's Sa-dang.**

■ 이 근처에 지하철역이 있어요?

Is there a subway station around here?
이즈 데어러 써브웨이 스테이션 어라운드 히얼

■ 지하철역에 어떻게 가야 하나요?

How can I get to the subway station?
하우 캐나이 겟 투 더 써브웨이 스테이션

■ 매표소가 어디에 있어요?

Where's the ticket booth?
웨얼즈 더 티킷 부쓰

■ 4호선을 타려면 어디로 가야 하나요?

Where do I go to take line number four?
웨얼 두 아이 고우 투 테이크 라인 넘벌 포얼

■ 박물관에 가려면 몇 호선을 타야 하나요?

Which track should I take to the museum?
위치 트랙 슈다이 테익 투 더 뮤지엄

■ 다음 역은 어디인가요?

What's the name of the next station?
왓츠 더 네임 어브 더 넥스트 스테이션

■ 시청에 가는 가장 좋은 방법이 뭐예요?
What's the best way to get to City Hall?
왓츠 더 베스트 웨이 투 겟 투 씨디호올

■ 어디서 지하철을 갈아타야 합니까?
Where should I transfer?
웨얼 슈다이 트렌스펄

■ 너무 혼잡스럽군요.
It's too crowded.
잇츠 투우 크라우디드

■ 시청 광장은 몇 번 출구로 나가야 합니까?
Which exit should I take for City Hall square?
위치 엑시트 슈다이 테이크 풔 씨디호올 스퀘얼

■ 저는 다음 역에서 내릴게요.
I will get off at the next stop.
아이 윌 겟 오프 앳 더 넥스트 스탑

■ 막차가 몇 시에 있나요?
When's the last train?
웬즈 더 라스트 트레인

■ 지하철 노선도 좀 주실래요?
Could I have a subway map, please?
쿠다이 해브 어 써브웨이 맵 플리즈

38 버스 이용하기

7번 버스는 어디서 타죠? **Where do I get the number 7 bus?**

길 건너편에서 타세요. **On the other side of the street.**

■ 버스 타는 곳이 어딘가요?

Where can I get a bus?
웨얼 캐나이 겟 어 버스

■ 가까운 버스정류장은 어디인가요?

Where is the nearest bus stop?
웨어리즈 더 니얼리스트 버스 스탑

■ 여기서 시청 가는 버스 있어요?

Can I take a bus to City Hall from here?
캐나이 테이커 버스 투 씨디호올 프럼 히얼

■ 123번 버스는 어디서 타야 하나요?

Where can I catch the number 123 bus?
웨얼 캐나이 캐취 더 넘벌 원 투우 뜨리 버스

■ 서울로 가는 다음 버스는 언제입니까?

When does the next bus leave for Seoul?
웬 더즈 더 넥스트 버스 리브 풔 서울

■ 제가 어디서 내려야 하는지 말씀해 주세요.

Please tell me where to get off.
플리즈 텔 미 웨얼 투 겟 오프

■ 도착하려면 몇 정거장이나 남았어요?

How many more stops before we reach the end of the line?

하우 메니 모얼 스탑스 비포올 위 리취 디 엔드 어브 더 라인

■ 도착하면 저에게 알려주시겠어요?

Could you let me know when we arrive?

쿠듀 렛 미 노우 웬 위 얼라이브

■ 이 버스가 서울에 갑니까?

Does this bus go to Seoul?

더즈 디쓰 버스 고우 투 서울

■ 아니요, 잘못 타신 것 같아요.

No, I'm afraid you're on the wrong bus.

노우, 아임 어프레이드 유아 언 더 로옹 버스

■ 공항행 버스가 얼마나 자주 있나요?

How often does the airport bus come?

하우 오펀 더즈 디 에얼포트 버스 컴

■ 다음 직행버스는 몇 시에 오나요?

When is the next nonstop bus?

웬 이즈 더 넥스트 난스탑 버스

■ 버스카드를 충전해 주실래요?

Could you recharge this bus pass?

쿠듀 리촤지 디쓰 버스 패스

39 기차 이용하기

런던행 기차가 있나요? **Is there a train for London?**

매시 정각에 있습니다. **Every hour on the hour.**

■ 런던행 기차표를 예매하고 싶어요.

I'd like to reserve a seat for London please.

아이드 라익 투 리절버 씨잇 풔 런던 플리즈

■ 다음 열차는 몇 시에 있나요?

When is the next train then?

웬 이즈 더 넥스트 트레인 덴

■ 더 빠른 열차편은 없을까요?

Are there any faster trains available?

아 데얼 에니 패스터 트레인즈 어베일러블

■ 기차로 가면 얼마나 걸릴까요?

How long will it take to get there by train?

하울 로옹 윌 잇 테익 투 겟 데얼 바이 트레인

■ 서울행 막차는 몇 시에 있나요?

What time is the last train for Seoul?

왓 타임 이즈 더 라스트 트레인 풔 서울

■ 런던행 기차는 몇 번 플랫폼에서 출발하나요?

On which platform does the train for London leave?

언 위치 플랫폼 더즈 더 트레인 풔 런던 리브

■ 부산행 기차가 맞나요?

Is this the right train for Busan?

이즈 디쓰 더 라잇 트레인 풔 부산

■ 이 열차에 침대칸이 있나요?

Does this train have a slumber couch?

더즈 디쓰 트레인 해브 어 슬럼버 카우취

■ 식당칸은 어디인가요?

Where is the dining car?

웨어리즈 더 다이닝 카알

■ 화장실은 어디인가요?

Where's the lavatory?

웨얼즈 더 레버토리

■ 여기는 제 자리인 것 같은데요.

I think that's my seat.

아이 띵크 댓츠 마이 씨잇

■ 객차를 잘못 타셨어요.

You are in the wrong car.

유 아 인 더 로옹 카알

■ 학생할인이 되나요?

By the way, do you offer student discounts?

바이 더 웨이, 두 유 오펄 스튜던트 디스카운츠

40 레스토랑 예약과 자리 잡기

표현문형

창가 쪽에 앉을 수 있을까요? **Can I get a table by the window?**

물론입니다. 저를 따라 오세요. **Sure. Follow me.**

■ 오늘 저녁 2인석을 예약하고 싶어요.

I'd like to make a table for two this evening.

아이드 라익 투 메이커 테이블 풔 투우 디쓰 이브닝

■ 오늘 밤 8시에 예약하고 싶어요.

I'd like to make a reservation for eight tonight.

아이드 라익 투 메이커 레절베이션 풔 에잇 터나잇

■ 7시에 예약했는데요. 몇 시까지 가야 하나요?

I have a reservation at seven. By when can we go?

아이 해브 어 레절베이션 앳 쎄븐. 바이 웬 캔 위 고우

■ 이 레스토랑은 비싼가요?

Is this restaurant expensive?

이즈 디쓰 레스터런트 익스펜시브

■ 이 레스토랑이 음식을 잘해요.

This restaurant is really good.

디쓰 레스터런트 이즈 리얼리 굿

■ 창가 쪽 자리에 앉을 수 있을까요?

Could we have a table by the window?

쿠드 위 해브 어 테이블 바이 더 윈도우

■ 8명이 앉을 만한 자리가 있을까요?

Do you have a table to fit eight people?

두 유 해브 어 테이블 투 핏 에잇 피플

■ 빈자리가 있나요?

Are there any empty tables?

아 데얼 에니 엠티 테이블스

■ 지금은 자리가 다 찼습니다.

All seats are currently taken.

오올 씨잇츠 아 커런틀리 테이컨

■ 자리가 생길 때까지 기다려도 될까요?

May we wait for a table?

메이 위 웨잇 풔러 테이블

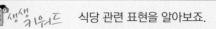 식당 관련 표현을 알아보죠.

프랑스 요리점 French restaurant 프렌치 레스토런트

이탈리아 요리점 Italian restaurant 이텔리언 레스토런트

중국 요리점 Chinese restaurant 차이니즈 레스토런트

한국 요리점 Korean restaurant 커리언 레스토런트

인도 요리점 Indian restaurant 인디언 레스토런트

일본 요리점 Japanese restaurant 재패니즈 레스토런트

간이식당 snack bar 스낵바   피자 전문점 pizzeria 피처리어

셀프 간이식당 cafeteria 캐퍼티어리어   뷔페 buffet 부페

음식 주문하기

여기는 뭘 잘하세요? **What's your specialty?**

연어 스테이크가 유명합니다. **We're famous for salmon-steak.**

■ 오늘의 특별요리는 뭔가요?

What is today's special?

왓 이즈 터데이즈 스페셜

■ 어떤 음식을 추천해 주시겠어요?

What do you recommend?

왓 두 유 레커멘드

■ 주방장이 추천하는 요리가 있나요?

What does the chef recommend?

왓 더즈 더 쉐프 레커멘드

■ 이 지방의 명물 음식이 무엇인가요?

What's the regional specialty?

왓츠 더 리저늘 스페셜티

■ 프랑스 요리를 먹고 싶어요.

I want to eat some French food.

아이 원 투 잇 썸 프렌치 푸드

■ 드레싱은 어떤 게 있나요?

What kind of dressing would you like?

왓 카인더브 드레씽 우듀 라익

■ 스테이크는 어떻게 해드릴까요?

How would you like your steak done?

하우 우듀 라이큐어 스테익 던

■ 완전히 익혀주세요.

Well done, please.

웰 던 플리즈

■ 디저트가 포함되어 있나요?

Does it include dessert?

더즈 잇 인클루드 디절트

■ 가능한 한 빨리 해주시겠어요?

Could you bring it as soon as possible?

쿠듀 브링 잇 애즈 쑤운 애즈 파써블

■ 제 주문을 바꿔도 될까요?

May I change my order?

메이 아이 체인지 마이 오덜

■ 같은 걸로 하겠어요.

I'll have the same.

아일 해브 더 쎄임

■ 저는 그냥 블랙커피 마실게요.

I'll just have the coffee black.

아일 저스트 해브 더 커피 블랙

표현문형

디저트는 어떠세요? **Would you like some dessert?**

식후에 커피를 부탁해요. **I'll have coffee after dinner.**

■ 이건 제가 주문한 요리가 아닌데요.

This isn't what I ordered.

디쓰 이즌(트) 왓 아이 오덜드

■ 왜 우리 음식이 안 나와요?

Could you check on our order?

쿠듀 첵 언 아우어 오덜

■ 제가 주문한 음식이 아직 나오지 않았어요.

My food still hasn't arrived.

마이 푸드 스틸 해즌(트) 어라이브드

■ 제 포크가 떨어졌어요.

I dropped my fork.

아이 드랍트 마이 폴크

■ 음식에 머리카락이 들어 있네요.

There's a piece of hair in my food.

데얼즈 어 피이스 어브 헤얼 인 마이 푸드

■ 냅킨 좀 더 갖다 주실래요?

Could I get some more napkins, please?

쿠다이 겟 썸 모얼 냅킨즈 플리즈

■ 소금 좀 건네주실래요?

Could you pass me the salt?

쿠듀 패스 미 더 쏠트

■ 빵을 좀 더 갖다 주세요.

Some more bread, please.

썸 모얼 브레드 플리즈

■ 한 잔 더 채워주실래요?

Can I have a refill?

캐나이 해브 어 리필

■ 미안해요, 제가 유리컵을 깼어요.

I'm sorry, I broke a glass.

아임 쏘리, 아이 브로우커 글래스

■ 더 필요하신 게 있나요?

Would you like anything else?

우듀 라익 에니띵 엘스

■ 메뉴를 다시 갖다 주세요.

Please bring me the menu again.

플리즈 브링 미 더 메뉴 어겐

■ 디저트는 필요 없어요.

I don't want any dessert.

아이 돈(트) 원트 에니 디절트

43 식사시간의 다양한 표현

표현문형

마음껏 많이 드세요. **Help yourself.**

고마워요. 음식이 아주 맛있네요. **Thanks. It's very delicious.**

■ 저는 채식주의예요.

I'm a vegetarian.

아임 어 베저테어리언

■ 저는 육식이 체질이에요.

I can't live without meat.

아이 캔(트) 리브 위다웃 미잇

■ 저는 뭐든지 잘 먹어요.

I'll eat just about anything.

아일 잇 저스트 어바웃 에니띵

■ 정말 다 맛있겠네요.

Everything looks so delicious.

에브리띵 룩스 쏘우 딜리셔스

■ 맛있는 냄새가 나네요.

Something smells good.

썸띵 스멜즈 굿

■ 군침이 도는데요.

My mouth is watering.

마이 마우쓰 이즈 워더링

- 음식이 너무 맛있군요.

  That meal was very good.

  댓 미일 워즈 베리 굿

- 너무 맛있어서 먹는 걸 멈출 수가 없군요.

  I just can't get enough of this.

  아이 저스트 캔(트) 겟 이너프 어브 디쓰

- 이렇게 잘 먹었던 적이 없었어요.

  I've never eaten better.

  아이브 네벌 이튼 베덜

- 음식을 입에 넣고 말하지 말거라.

  Don't talk with your mouth full.

  돈(트) 토크 위드 유어 마우쓰 풀

- 밥 먹을 땐 그런 말 하는 게 아냐, 알겠니?

  That's not dinner table talk, is it?

  댓츠 낫 디널 테이블 토크, 이짓

- 음식을 남기면 못써.

  Finish what's on your plate.

  피니쉬 왓츠 언 유어 플레잇

- 남은 음식을 싸 주세요.

  Give me a doggy bag, please.

  기브 미 어 더기 백 플리즈

44 식사 후 계산할 때

계산서 좀 주시겠어요? **Can I have the check, please.**

네, 여기 있습니다. **Sure, it's right here.**

■ 여기 계산해 주세요.

Let me have the bill, please.

렛 미 해브 더 빌 플리즈

■ 계산서 좀 주시겠어요?

Can I have the check, please?

캐나이 해브 더 첵 플리즈

■ 두 분 따로 계산해 드릴까요?

Would you like separate checks?

우듀 라익 세퍼레잇 첵스

■ 아니요, 같이 계산해 주세요.

No, just one check, please.

노우, 저스트 원 첵 플리즈

■ 전부 얼마입니까?

How much is altogether?

하우 머취 이즈 오올투게덜

■ 제가 계산하겠어요. 다음에 사세요.

I'll take care of the bill. You can get me next time.

아일 테이크 케어러브 더 빌. 유 캔 겟 미 넥스트 타임

■ 각자 계산해요.

Let's go dutch.

렛츠 고우 더취

■ 계산서를 따로 주세요.

Separate checks, please.

세퍼레잇 첵스 플리즈

■ 계산서가 잘못된 것 같아요.

I think there's a mistake in the bill.

아이 띵크 데얼즈 어 미스테익 인 더 빌

■ 이건 주문하지 않았어요.

I Don't remember ordering this.

아이 돈(트) 리멤벌 오더링 디쓰

■ 거스름돈이 틀리네요.

You gave me the wrong change.

유 게이브 미 더 로옹 체인지

■ 봉사료가 포함되었나요?

Is the service charge included?

이즈 더 썰비스 촤알지 인클루디드

■ 선불인가요?

Shall I pay first?

쉘 아이 페이 펄스트

45 원하는 쇼핑 매장을 찾을 때

표현문형

장난감 가게는 몇 층에 있나요? **Which floor is the toy shop?**

2층에 있습니다. **It's on the second floor.**

■ 시계는 어디에서 살 수 있나요?
Where can I buy a watch?
웨얼 캐나이 바이 어 왓치

■ 아동복 매장은 몇 층에 있어요?
Which floor is children's clothing?
위치 플로얼 이즈 칠드런스 클로우띵

■ 장난감 가게는 몇 층에 있어요?
Which floor is the toy shop?
위치 플로얼 이즈 더 토이 샵

■ 가전제품 매장은 어디에 있어요?
Where can I find home appliances?
웨얼 캐나이 파인드 호움 어플라이언시스

■ 몇 시에 문을 열게 되나요?
What time do you open?
왓 타임 두 유 오우펀

■ 몇 시까지 문을 열어요?
When are you open till?
웬 아 유 오우펀 틸

■ 지금 세일 기간입니까?

Are you having a sale now?

아 유 해빙 어 쎄일 나우

■ 다음 세일은 언제인가요?

When is your next sales event then?

웬 이즈 유어 넥스트 쎄일즈 이벤트 덴

■ 이 근처에 쇼핑센터가 있나요?

Is there a shopping center near here?

이즈 데얼 어 샤핑 쎈터 니얼 히얼

■ 기념품 가게는 어디에 있나요?

Where is a souvenir shop?

웨어리즈 어 슈버니어 샵

생생 키워드   상점이나 쇼핑매장을 알아보죠.

백화점 department store 디파아트먼트 스토어

면세점 tax-free shop 택스프리 샵   기념품점 souvenir shop 수버니어 샵

선물용품 가게 gift shop 기프트 샵   골동품점 antique shop 앤틱 샵

골프용품점 golf goods shop 갈프 굿즈 샵

스포츠용품점 sporting goods shop 스포팅 굿즈 샵

화장품 가게 cosmetic shop 코즈메틱 샵

편의점 convenience store 컨비니언스 스토어

식료 잡화점 grocery 그로우써리   서점 bookstore 북스토어

46 마음에 맞는 물건 고르기

이 디자인이 제게 어울리나요? **Does this design suit me?**

손님에게 무척 잘 어울리세요. **That looks great on you.**

■ 이것과 같은 물건이 있나요?

Do you have the same kind?

두 유 해브 더 쎄임 카인드

■ 다른 것도 보여주실래요?

Can you show me anything else?

캐뉴 쇼우 미 에니띵 엘쓰

■ 어떤 게 더 좋은 건가요?

Which is better?

위치 이즈 베덜

■ 다른 모델이 있어요?

Do you have any other models?

두 유 해브 에니 아덜 마들즈

■ 더 큰 사이즈 없나요?

Don't you have any larger size?

돈츄 해브 에니 라저 싸이즈

■ 이거 더 작은 사이즈 있나요?

Do you have this in a smaller size?

두 유 해브 디쓰 이너 스몰러 싸이즈

■ 제 사이즈를 모르겠어요.

I don't know what my size is.

아이 돈(트) 노우 왓 마이 싸이즈 이즈

■ 다른 색상은 없나요?

Don't you have it in another color?

돈츄 해브 잇 인 어나덜 컬러

■ 같은 것으로 다른 색상은 없나요?

Do you have this one in a different color?

두 유 해브 디쓰 원 이너 디퍼런트 컬러

■ 이걸 신어 봐도 되나요?

May I try them on?

메이 아이 트라이 뎀 언

■ 탈의실이 어디에 있어요?

Where's the fitting room?

웨얼즈 더 피딩 루움

■ 지금 어떤 디자인이 유행하나요?

What styles are popular now?

왓 스타일즈 아 파퓰러 나우

■ 무언가 색다른 걸 찾고 있어요.

I'm looking for a something different.

아임 룩킹 풔러 썸띵 디퍼런트

쇼핑 후 가격흥정과 계산할 때

모두 얼마인가요? **How much is it all together?**

100달러 나왔습니다. **It adds up to 100 dollars.**

■ 예상보다 비싸네요.
That's more than I wanted to spend.
댓츠 모얼 댄 아이 원티드 투 스펜드

■ 너무 비싸군요. 더 싼 모델 있나요?
It's too expensive. Do you have any cheaper models?
잇츠 투우 익스펜씨브. 두 유 해브 에니 치펄 마들즈

■ 값을 조금 깎아주시겠어요?
Can you give me a discount?
캐뉴 기브 미 어 디스카운트

■ 얼마면 사실래요?
How much are you willing to spend?
하우 머춰 아 유 윌링 투 스펜드

■ 이 쿠폰을 사용할 수 있나요?
Can I use this coupon?
캐나이 유즈 디쓰 쿠펀

■ 모두 얼마인가요? 세금이 포함되었나요?
How much is it all together? Does it include tax?
하우 머춰 이짓 오올투게덜? 더즈 잇 인클루드 텍스

■ 신용카드도 받나요?

Do you accept credit cards?

두 유 익셉트 크레딧 칼즈

■ 할부로 구입할 수 있나요?

Do you have an installment plan?

두 유 해브 언 인스톨먼트 플랜

■ 계산이 잘못되지 않았나요?

Isn't there a mistake in the bill?

이즌(트) 데어러 미스테익 인 더 빌

■ 거스름돈이 안 맞는 것 같아요.

You gave me the wrong change.

유 게이브 미 더 로옹 체인지

■ 따로따로 포장해 주실래요?

Could you wrap each item separately?

쿠듀 랩 이취 아이텀 쎄퍼러들리

■ 선물용으로 포장해 주시겠어요?

Can you gift-wrap it for me?

캐뉴 기프트 랩 잇 풔 미

■ 가격표 좀 떼어주세요.

Please take off the price tag.

플리즈 테이크 오프 더 프라이스 택

48 물건 교환이나 반품할 때

이것을 교환하고 싶어요. **I'd like to exchange this.**

그 물건은 재고가 없네요. **we are out of stock right now.**

■ 이 바지를 다른 걸로 교환할 수 있을까요?

Can I exchange this trousers for another one?

캐나이 익스체인지 디쓰 트라우절스 풔 어나덜 원

■ 치수를 바꿔주시겠어요?

Can I change the size?

캐나이 체인지 더 사이즈

■ 왜 교환하시려고 합니까?

May I ask why you'd like to exchange it?

메이 아이 애스크 와이 유드 라익 투 익스체인지 잇

■ 얼룩이 묻어 있어요.

There are stains.

데얼 아 스테인스

■ 지퍼가 고장 났어요.

The zipper is broken.

더 지펄 이즈 브로우컨

■ 저에게 너무 커서 그래요.

It's too big for me.

잇츠 투우 빅 풔 미

■ 이건 너무 작아요.

This is too small.

디쓰 이즈 투우 스모올

■ 다른 모양이 있나요?

Do you have any other models?

두 유 해브 에니 아덜 마들스

■ 이것을 반품할 수 있을까요?

Could I get a refund for this?

쿠다이 겟 어 리펀드 풔 디쓰

■ 무슨 문제가 있나요?

Can I ask what's the matter with it?

캐나이 애스크 왓츠 더 매덜 위딧

■ 전혀 작동이 안 되는군요.

It doesn't work at all.

잇 더즌(트) 월크 앳 오올

■ 환불을 받고 싶은데요.

I'd like to get a refund, please.

아이드 라익 투 겟 어 리펀드 플리즈

■ 영수증 좀 보여 주시겠어요?

Can I see the receipt, please?

캐나이 씨 더 리씨트 플리즈

Communication
English

서로 대화할 때 상대방의 의견을 잘 듣고 반응해 주고, 자신의 의견
을 잘 전달해야 합니다. 말 한마디로 천 냥 빚을 갚는다는 말도 있듯
이 모자라지도 넘치지도 않게 자신의 생각이나 의견을 상대에게
전달하는 것은 정말 대단한 능력이라고 생각합니다. 이 장에서
는 질문을 주고받고 자기 생각을 말할 때, 협상이나 의견을
조율할 때, 제안이나 부탁할 때, 오해나 말이 잘 통하
지 않을 때 등 상대방과의 의사소통을 위한
다양한 표현을 담았습니다.

왕초보도 술술!
의사소통 영어

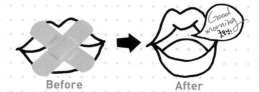

Before → After

표현문형

누구에게 물어봐야 합니까? Who is there to ask about it?

제가 도와드리겠습니다, 선생님. Let me help you, sir.

■ 질문 하나 해도 될까요?

May I ask you a question?

메이 아이 애스큐 어 퀘스천

■ 개인적인 질문 하나 해도 될까요?

Can I ask you a personal question?

캐나이 애스큐 어 펄스널 퀘스천

■ 질문을 해도 좋을는지요?

I wonder whether I might ask you a question?

아이 원더 웨덜 아이 마잇 애스큐 어 퀘스천

■ 당신에게 물어보고 싶은 게 많아요.

I have many questions to ask you.

아이 해브 메니 퀘스천스 투 애스큐

■ 질문할 게 한 가지 더 있는데요.

I have something else to ask you.

아이 해브 썸띵 엘스 투 애스큐

■ 이 건에 대한 당신 느낌은 어떤가요?

What are your sentiments in this matter?

왓 아 유어 센터먼츠 인 디쓰 매덜

■ 무슨 근거로 그렇게 확신하세요?

What makes you so sure?

왓 메익스 유 쏘우 슈얼

■ 누구에게 물어봐야 하는 거예요?

Who is there to ask about it?

후 이즈 데얼 투 애스커바웃 잇

■ 제 질문에 대답하실 분 계세요?

Can anyone answer my question?

캔 에니원 앤썰 마이 퀘스천

■ 이유가 뭘까요?

What are the reasons?

왓 아 더 리즌스

■ 이거 정말 하고 싶으세요?

Are you sure you want to do this?

아 유 슈얼 유 원 투 두 디쓰

■ 뭐 하나 물어봐도 될까요?

Mind if I ask you a question?

마인드 이프 아이 애스큐어 퀘스천

■ 묻고 싶은 게 정말 많아요.

I have a lot to ask.

아이 해브 어 랏 투 애스크

50 상대의 질문에 답할 때

표현문형

이유가 뭘까요? **What are the reasons?**

죄송하지만, 그게 제가 아는 전부예요. **I'm sorry, that's all I know.**

■ 좋은 질문이군요.
   That's a good question.
   댓처 굿 퀘스천

■ 더 이상 물어보지 마세요.
   No more questions.
   노우 모얼 퀘스천스

■ 너무 사적인 질문이 아니면 좋겠어요.
   I hope it's not too personal though.
   아이 호우프 잇츠 낫 투우 펄스널 도우

■ 저는 모르겠습니다.
   I'm not sure.
   아임 낫 슈얼

■ 저는 전혀 모르겠어요.
   I have no idea.
   아이 해브 노우 아이디어

■ 전혀 짐작이 안 가요.
   I haven't got the faintest idea.
   아이 해븐(트) 갓 더 페인티스트 아이디어

■ 제가 대답할 수 있는 질문이 아니에요.

I can't answer your question.

아이 캔(트) 앤썰 유어 퀘스천

■ 이유는 말할 수 없어요.

I can't tell you the reasons.

아이 캔(트) 텔 유 더 리즌스

■ 말할 수 없어요! 그건 비밀이에요.

No comment! They are confidential.

노우 카멘트! 데이 아 칸퍼덴셜

■ 대답하고 싶지 않아요.

I don't want to answer that.

아이 돈(트) 원 투 앤썰 댓

■ 내가 답변할 수 있는 사항이 아닙니다.

It's not something I can answer.

잇츠 낫 썸띵 아이 캔 앤썰

■ 생각 좀 해봐야겠어요.

I'll have to think about it.

아일 해브 투 띵커바웃 잇

■ 직접 생각해 보세요.

You should think about it.

유 슈드 띵커바웃 잇

51-a 재치 있게 대응하는 말

그게 정말입니까? **Are you sure?**

더 얘기할 것도 없어요. **There's nothing more to discuss.**

■ 그게 정말입니까?

   Are you sure?

   아 유 슈얼

■ 물론이죠.

   Of course.

   어브 콜스

■ 알겠습니다.

   I see.

   아이 씨

■ 좋은 생각입니다.

   That's a good idea.

   댓처 굿 아이디어

■ 기꺼이 하겠습니다.

   I'll be glad to.

   아일 비 글래드 투

■ 좋습니다.

   That's all right.

   댓츠 오올 롸잇

■ 과찬의 말씀입니다.

   I'm honored by your words.

   아임 아널드 바이 유어 워드즈

■ 운이 좋았을 뿐이에요.

   I just got lucky, that's all.

   아이 저스트 갓 럭키, 댓츠 오올

■ 고맙지만 사양할게요.

Thanks, but I'd rather not.

땡스, 벗 아이드 래덜 낫

■ 부끄럽습니다.

You are making me blush.

유 아 메이킹 미 블러시

■ 노력해 보겠습니다.

I'll make an effort.

아일 메이컨 에펄트

■ 앞으로 더 열심히 할게요.

I'll give you my best.

아일 기뷰 마이 베스트

■ 명심할게요.

I'll keep that in mind.

아일 킵 댓 인 마인드

■ 천만에요.

You're welcome.

유아 웰컴

■ 그럼 좋겠네요.

I'd love to.

아이드 러브 투

■ 걱정하지 마.

Don't worry about it.

돈(트) 워리 어바웃 잇

51-6 재치 있게 대응하는 말

■ 그건 아무도 모르는 일이에요.

Nobody knows.

노우바디 노우즈

■ 그건 무리예요.

That's too much.

댓츠 투우 머취

■ 미안하지만 안 되겠어요.

I'm sorry but I can't now.

아임 쏘리 벗 아이 캔(트) 나우

■ 그러실 필요 없는데요.

You don't have to do it.

유 돈(트) 해브 투 두 잇

■ 너무 바빠서 놀 시간도 없어요.

I don't have the time to playing.

아이 돈(트) 해브 더 타임 투 플레잉

■ 재촉하지 마세요.

Stop rushing me.

스탑 러싱 미

■ 그냥 그랬지 뭘요.

It went OK.

잇 웬트 오우케이

■ 나도 늙었나 봐요.

I feel so old.

아이 필 쏘우 올드

■ 알려줘서 고마워요.

Thanks for the warning.

땡스 풔 더 워닝

■ 그 말이 맞겠어요.

That might explain it.

댓 마잇 익스플레인 잇

■ 그거 멋진 생각이네요.

That's a neat idea.

댓츠 어 니잇 아이디어

생생 키워드   말문이 막혔을 때 유용한 표현을 알아보죠.

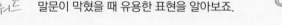

글쎄요, 제 말은…. Well, what I mean…. 웰, 왓 아이 민

음, 말하자면…. Well, I would say, …. 웰, 아이 우드 쎄이

사실은…. In fact…. 인 펙트

음, 사실은…. Umm, actually…. 음, 액추얼리

그러니까…. You know…. 유 노우

내 말은…. What I mean is…. 왓 아이 민 이즈

보자…. Let's see…. 렛츠 씨

내가 어디까지 말했죠? Where was I? 웨어 워즈 아이

우리 어디까지 했죠? Where were we? 웨어 워 위

52 자신의 생각을 말할 때

존은 믿지 못할 사람이야. John should never be trusted.

나도 역시 그렇게 생각해. I think so, too.

■ 당신이 옳은 것 같군요.

I think you're right.

아이 띵큐아 롸잇

■ 저도 그렇게 생각합니다.

I think so, too.

아이 띵크 쏘우, 투우

■ 저는 가능하다고 봅니다.

I think it's possible.

아이 띵크 잇츠 파써블

■ 누가 알아요? 세상에 불가능한 일이란 없어요.

Who would know? Nothing is impossible.

후 우드 노우? 너띵 이즈 임파써블

■ 한 번 해보세요.

You should try it.

유 슈드 트라이 잇

■ 그건 나중에 해요.

You can do it later.

유 캔 두 잇 레이덜

- 당신이 하는 말에 일리가 있군요.

  There is reason in what you say.

  데어리즈 리즌 인 왓 유 쎄이

- 전 그것에 대해 아무것도 몰라요.

  I don't know anything about it.

  아이 돈(트) 노우 에니띵 어바웃 잇

- 전 그렇게 생각하지 않습니다.

  I don't think so.

  아이 돈(트) 띵크 쏘우

- 예감이 좋지 않군요.

  I have a bad feeling about this.

  아이 해브 어 배드 필링 아바웃 디쓰

- 그는 안 올 것 같은 예감이 들어요.

  Something tells me that he's not going to come.

  썸띵 텔즈 미 댓 히즈 낫 고우잉 투 컴

- 넌 아무것도 몰라. 그건 불가능해.

  You know nothing. It's just impossible.

  유 노우 너띵. 잇츠 저스트 임파써블

- 당신 제정신이에요?

  Are you out of your mind?

  아 유 아웃 어브 유어 마인드

53 의견을 묻고 대답할 때

네 솔직한 의견을 듣고 싶어. **I want your honest opinion.**

그건 시간 낭비라고 생각해. **I think it's a waste of time.**

■ 당신은 어떻게 생각하세요?

What's your view on this?

왓츠 유어 뷰 언 디쓰

■ 당신 의견은 무엇인가요?

What's your opinion?

왓츠 유어 어피니언

■ 우리가 어떻게 해야 할까요?

What do you think we should do?

왓 두 유 띵크 위 슈드 두

■ 당신의 답이 옳은지 그른지 논의해 봅시다.

Let's reason whether your answer is correct or not.

렛츠 리즌 웨덜 유어 앤썰 이즈 커렉트 오얼 낫

■ 그 문제는 점심이나 하면서 의논하면 어떨까요?

How about we talk about it over lunch?

하우 어바웃 위 토커바우딧 오우벌 런취

■ 좋은 의견이 있으신가요?

Have you come up with any good opinion?

해뷰 컴 업 위드 에니 굿 어피니언

■ 어떻게 그런 생각을 다 했어요?

How did you come up with the idea?

하우 디쥬 컴 업 위드 디 아이디어

■ 바로 그거예요!

That's exactly it!

댓츠 이그잭틀리 잇

■ 전적으로 찬성입니다.

I couldn't agree with you more.

아이 쿠든(트) 어그리 위듀 모얼

■ 당신은 저와 의견이 통하는군요.

I'm of the same opinion.

아임 어브 더 쎄임 어피니언

■ 나는 그의 일을 그다지 높게 평가하지 않아요.

I have no great opinion of his work.

아이 해브 노우 그레잇 어피니언 어브 히즈 월크

■ 그건 완전히 틀렸어요.

You're wrong on both counts.

유아 로옹 언 보스 카운츠

■ 절대로 동의할 수 없습니다.

I couldn't possibly disagree more.

아이 쿠든(트) 파써블리 디써그리 모얼

54 협상이나 의견을 조율할 때

솔직한 대화를 나눠보죠. Let's have a heart-to-heart talk.

당신은 저와 의견이 통하는군요. I'm of the same opinion.

■ 타협의 여지가 남아 있어요.

There is room for compromise.

데어리즈 루움 풔 컴프러마이즈

■ 왜 그렇게 생각하시는 거예요?

Why would you even consider that?

와이 우듀 이븐 컨시덜 댓

■ 어떻게 타협할까요?

How about a compromise?

하우 어바웃터 컴프러마이즈

■ 다시 한 번 생각해 보세요.

Please think about it again.

플리즈 띵커바웃 잇 어겐

■ 이성적으로 생각하세요.

Let's be reasonable.

렛츠 비 리즈너블

■ 유감이지만 동의할 수 없군요.

I'm afraid I can't agree with you.

아임 어프레이드 아이 캔(트) 어그리 위드 유

- 더 얘기할 필요도 없는 것 같군요.
  ### I think we're done with words.
  아이 띵크 위아 던 위드 워즈

- 양보할 수 없습니다.
  ### No more concessions.
  노우 모얼 컨쎄션스

- 서로 의견이 너무 다르군요.
  ### We're not seeing eye to eye on the matter.
  위아 낫 씨잉 아이 투 아이 언 더 메덜

- 나중에 이야기합시다.
  ### We'll go over it later.
  위일 고우 오우벌 잇 레이덜

- 제가 책임지고 해결하겠습니다.
  ### Trust me. I'll take care of it.
  트러스트 미. 아일 테이크 케어러브 잇

- 우리가 유리합니다.
  ### We have the upper hand.
  위 해브 디 어펄 핸드

- 우리가 불리합니다.
  ### We're in the unfavorable situation.
  위아 인 디 언페이버러블 시츄에이션

55 상대에게 말을 꺼낼 때

표현문형

이야기 좀 할 수 있을까요? May I speak with you?

마안하지만 지금 바빠서요. Sorry, I'm too busy now.

■ 편하게 얘기 좀 할 수 있어요?

Are you free to talk?

아 유 프리 투 톡

■ 어디 가서 얘기 좀 하죠.

Let's go someplace to talk.

렛츠 고우 썸플레이스 투 톡

■ 이야기 좀 할 수 있을까요?

May I speak with you?

메이 아이 스픽 위드 유

■ 터놓고 얘기해 봅시다.

Let's have a heart to heart talk.

렛츠 해브 어 할트 투 할트 톡

■ 지금 나 좀 볼 수 있어요?

Can I see you now?

캐나이 씨 유 나우

■ 시간 좀 내주실래요?

Do you have time to spare?

두 유 해브 타임 투 스페얼

■ 우리 어디 가서 조용히 얘기 좀 할까요?

Can we go somewhere quiet and talk?

캔 위 고우 썸웨얼 콰이엇 앤 톡

■ 제게 잠깐 시간 좀 내주실래요?

Can you spare me a moment, please?

캔 유 스페얼 미 어 모우먼트 플리즈

■ 바쁘신 줄 알지만 시간 좀 내주시겠어요?

I know you're busy, but do you have time to spare?

아이 노우 유아 비지, 벗 두 유 해브 타임 투 스페얼

■ 당신에게 할 말이 있습니다.

I'd like to have a word with you.

아이드 라익 투 해브 어 워드 위드 유

■ 당신에게 좀 물어볼 말이 있어요.

I have something to ask you.

아이 해브 썸띵 투 애스큐

■ 개인적으로 의논할 게 있어요.

I want to talk to you privately.

아이 원 투 톡 투 유 프라이버들리

■ 지금 꼭 할 얘기가 있어요.

I need to talk to you right now.

아이 니드 투 톡 투 유 롸잇 나우

56 들은 말이나 정보를 전할 때

소식 들었어요? Did you hear the news?

아니요, 뭔데요? 말해주세요. No, what? Tell me.

■ 무슨 일이 있었는지 들었어요?

Did you hear what happened?

디쥬 히얼 왓 해펀드

■ 내 말 좀 들어봐.

Get a load of this.

겟 어 로우드 어브 디쓰

■ 내가 무슨 말을 들었는지 믿기 어려울 걸!

You won't believe what I just heard!

유 원(트) 빌리브 왓 아이 저스트 헐드

■ 내가 무슨 말을 들었는지 알아요?

You'll never guess what I heard.

유일 네벌 게스 왓 아이 헐드

■ 소식 들었어요?

Did you hear the news?

디쥬 히얼 더 뉴스

■ 아니요, 뭔데요? 말해주세요.

No, what? Please tell me.

노우, 왓? 플리즈 텔 미

■ 그게 무슨 말이에요?

What do you mean?

왓 두 유 민

■ 내 말 좀 끝까지 들어봐요.

Please don't cut me off like that.

플리즈 돈(트) 컷 미 오프 라익 댓

■ 바로 그렇게 된 거였어요.

That's what happened.

댓츠 왓 해펀드

■ 어디서 들었는데요?

How did you find out?

하우 디쥬 파인드 아웃

■ 신문 헤드라인에 실렸던데요.

It was the headline on the news.

잇 워즈 더 헤드라인 언 더 뉴스

■ 그거 예전에 들은 이야기야.

I heard that ages ago.

아이 헐드 댓 에이지스 어고우

■ 너무 많이 알려고 하지 마세요.

Curiosity killed the cat.

큐어리아서티 킬드 더 캣

57 도움을 주고받을 때

표현문형

이 일 좀 도와주실래요? **Could you help me with this job?**

어떻게 도와드리면 되죠? **What can I do for you?**

■ 말만 하세요. 제가 도와드릴게요.

Just say the word. I'll always help you.

저스트 쎄이 더 월드. 아일 오올웨이즈 헬퓨

■ 제가 필요하면 언제든지 부르세요.

Call me whenever you need me.

콜 미 웬에벌 유 니드 미

■ 혼자 할 수 있어요.

I can do it by myself.

아이 캔 두 잇 바이 마이쎌프

■ 제가 해야 할 일인데요.

I'm the one who is responsible.

아임 디 원 후 이즈 리스판서블

■ 혼자 할 수 있을 것 같아요.

I think I can handle this alone.

아이 띵크 아이 캔 핸들 디쓰 얼로운

■ 괜찮아요. 말이라도 고마워요.

No thank you. Thanks for asking.

노우 땡큐. 땡스 풔 애스킹

■ 좀 도와주십시오.

I wonder if you can help me.

아이 원더 이퓨 캔 헬프 미

■ 저를 좀 도와주실래요?

Can you give me a hand, please?

캐뉴 기브 미 어 핸드 플리즈

■ 저를 좀 도와주세요.

Please help me.

플리즈 헬프 미

■ 짐 꾸리는 것을 좀 도와주실래요?

Could you lend me a hand with these parcels?

쿠듀 렌드 미 어 핸드 위드 디이즈 파설스

■ 이것 좀 거들어주실래요?

Will you lend me a hand with this?

윌 유 렌드 미 어 핸드 위드 디쓰

■ 이거 어떻게 작동하는지 알려주실래요?

Could you tell me how this works?

쿠듀 텔 미 하우 디쓰 월크스

■ 도움을 주셔서 고맙습니다.

Thanks for helping me out.

땡스 풔 헬핑 미 아웃

58 충고&제안할 때

표현문형

꿈을 포기하지 마세요. **Don't give up on your dreams.**

충고의 말씀 감사합니다. **Thanks for your advice.**

■ 충고 좀 해도 될까?

Can I give you some advice?

캐나이 기뷰 썸 어드바이스

■ 충고 한마디 해도 될까요?

Can I give you a word of advice?

캐나이 기뷰 어 워드 어브 어드바이스

■ 이미 벌어진 일은 잊어버리세요.

What's done is done, just get over it.

왓츠 던 이즈 던, 저스트 겟 오우벌 잇

■ 최선을 다해서 열심히 하세요.

Knock yourself out.

나크 유아셀파웃

■ 당신의 꿈을 포기하지 마세요.

Don't give up on your dreams.

돈(트) 기브 어펀 유어 드림스

■ 시작하기에 결코 늦지 않았어요.

It's never too late to start.

잇츠 네벌 투우 레잇 투 스탈트

■ 당신은 아직 젊어요. 기죽지 말아요!

You are still young. Don't let it get you down!

유 아 스틸 영. 돈(트) 레딧 겟 유 다운

■ 성급하게 굴지 마세요.

Don't rush into anything.

돈(트) 러쉬 인투 에니띵

■ 재촉하지 마세요. 그러면 그럴수록 더 오래 걸릴 거예요.

Don't be so pushy. The more you do that, it'll take more time.

돈(트) 비 쏘우 푸쉬. 더 모얼 유 두 댓, 잇일 테익 모얼 타임

■ 제 처지에서 생각해보세요.

Put yourself in my shoes.

풋 유어쎌프 인 마이 슈우즈

■ 제안 하나 해도 될까요?

Can I suggest something?

캐나이 써그제스트 썸띵

■ 좋은 수가 있습니다.

I have got an idea.

아이 해브 가던 아이디어

■ 한 가지 제안을 드려도 되겠습니까?

Would you mind if I gave you a suggestion?

우듀 마인드 이프 아이 게이뷰 어 써그제스천

59 요청이나 부탁할 때

부탁을 해도 될까요? **May I ask you a favor?**

물론이죠. 말만 하세요. **Of course. Anything you say.**

■ 부탁 좀 해도 될까요?

Would you do me a favor?

우듀 두 미 어 페이벌

■ 꼭 부탁드릴 게 있습니다.

I need to ask you for a huge favor.

아이 니투 애스큐 풔러 휴쥐 페이벌

■ 개인적인 부탁 하나 해도 될까요?

Could I ask you for a personal favor?

쿠다이 애스큐 풔러 퍼스널 페이벌

■ 예약을 하고 싶은데요.

I'd like to make a reservation.

아이드 라익 투 메이커 레절베이션

■ 실례지만 차를 태워주실 수 있나요?

Excuse me. Would you mind giving me a ride?

익스큐즈 미. 우듀 마인드 기빙 미 어 라이드

■ 오늘저녁에 저희 집 애를 봐 주시겠어요?

Do you mind baby-sitting for us this evening?

두 유 마인드 베이비 씨팅 풔 러스 디쓰 이브닝

■ 차가운 물 한 잔 주시겠어요?

May I have a cold water, please?

메이 아이 해브 어 코울드 워덜 플리즈

■ 택시 좀 불러 주시겠어요?

Could you call me a taxi?

쿠듀 콜 미 어 택시

■ 자리를 좀 맡아 주시겠어요?

Can you save my seat?

캐뉴 쎄이브 마이 씨잇

■ 가방 좀 봐 주시겠어요?

Can you watch my bag for me?

캐뉴 왓취 마이 백 풔 미

■ 펜을 좀 빌릴 수 있나요?

Can I borrow your pen?

캐나이 바로우 유어 펜

■ 돈을 좀 빌릴 수 있나요?

Can I borrow some money from you?

캐나이 바로우 썸 머니 프럼 유

■ 저랑 함께 사진 찍어 주시겠어요?

Can I get my picture taken with you?

캐나이 겟 마이 픽철 테이컨 위드 유

60 양해나 허락을 받아야 할 때

여기 앉아도 될까요? **Do you mind if I sit here?**

물론이죠. 앉으세요. **Of course not. Seat yourself.**

■ 실례합니다.

Excuse me.

익스큐즈 미

■ 잠깐 실례하겠습니다.

Excuse me for a moment please.

익스큐즈 미 풔러 모우먼트 플리즈

■ 잠시 살펴봐도 될까요?

May I look at it?

메이 아이 룩 앳 잇

■ 괜찮지 않나요? (문제없지 않나요?)

What does it matter?

왓 더짓 매덜

■ 여기 앉아도 될까요?

Do you mind if I sit here?

두 유 마인드 이프 아이 씨잇 히얼

■ 들어가도 될까요? 금방이면 되는데.

May I come in? It won't be long.

메이 아이 컴 인? 잇 원(트) 비 로옹

■ 이것 좀 빌릴 수 있을까요?

Can you lend this to me, please?

캐뉴 렌드 디쓰 투 미 플리즈

■ 전화 좀 사용할 수 있을까요?

Do you have a phone that I can use?

두 유 해브 어 포운 댓 아이 캔 유즈

■ 도움이 필요할 때 전화해도 될까요?

Can I call you when I need your help?

캐나이 콜 유 웬 아이 니듀어 헬프

■ 제가 동행해도 될까요?

Do you mind if I join you?

두 유 마인드 이프 아이 조인 유

■ 당신 사진을 찍어도 되겠습니까?

May I take your picture?

메이 아이 테이큐어 픽철

■ 담배를 피워도 될까요?

Do you mind my smoking?

두 유 마인드 마이 스모우킹

■ 실례지만 옆으로 좀 가주시겠어요?

Excuse me. Could you move over a little?

익스큐즈 미. 쿠듀 무브 오우벌 어 리들

61 오해가 생겼을 때

내 말 오해하지 마. **Don't get me wrong.**

알았어, 네 말을 믿지. **Okay, I'll take your word.**

- 어떻게 된 일이야? 지금 듣고 있어?

  ## What is the matter with you? Are you with me?

  왓 이즈 더 매덜 위드 유? 아 유 위드 미

- 뭐 하나 물어봐도 돼?

  ## Can I ask you a question?

  캐나이 애스큐 어 퀘스천

- 어떻게 이럴 수가 있어요?

  ## How could you do that to me?

  하우 쿠듀 두 댓 투 미

- 그건 오해입니다.

  ## You got me wrong.

  유 갓 미 로옹

- 어떻게 하면 우리 오해를 풀 수 있을까요?

  ## How can we get back to the way we were?

  하우 캔 위 겟 백 투 더 웨이 위 워얼

- 어째서 그런 얘기를 믿게 되었어요?

  ## What made you believe such a story?

  왓 메이드 유 빌리브 서치 어 스토리

- 어떻게 하면 오해를 풀 수 있니?

  What should I do to clear the air?

  왓 슈다이 두 투 클리어 디 에얼

- 지금 뭐라고 하는 거야?

  What are you saying?

  왓 아 유 쎄잉

- 빙빙 돌리지 말고 말해!

  Cut to the chase!

  컷 투 더 체이스

- 당신 들으라고 한 소리가 아니에요.

  I wasn't saying that to you.

  아이 워즌(트) 쎄잉 댓 투 유

- 도대체 무슨 말을 하려는 거니?

  What are you blabbering on about?

  왓 아 유 블래벌링 언 어바웃

- 내 말 오해하지 마세요.

  Don't get me wrong.

  돈(트) 겟 미 로옹

- 그런 뜻이 아니에요.

  That's not what I meant.

  댓츠 낫 왓 아이 민트

62 말이 잘 통하지 않을 때

표현문형

그걸 할 수 없다는 말이야? Are you telling me you can't do it?

그런 뜻이 아니야. That's not what I meant.

■ 왜 그렇게 생각해요?

Why do you think so?

와이 두 유 띵크 쏘우

■ 내 말 이해되죠?

Do you understand?

두 유 언덜스텐드

■ 내가 한 말 무슨 말인지 이해되세요?

Do you know what I'm talking about?

두 유 노우 왓 아임 토킹 어바웃

■ 제가 하는 말이 무슨 말인지 아시겠어요?

Do you understand what I'm saying?

두 유 언덜스텐드 왓 아임 쎄잉

■ 뭐라고요? 좀 천천히 말씀해 주실래요?

Pardon? Could you speak more slowly?

파든? 쿠듀 스픽 모얼 슬로울리

■ 지금 뭐라고 그러셨나요?

May I beg your pardon now?

메이 아이 베그 유어 파든 나우

■ 그게 무슨 뜻이죠?

What do you mean by that?

왓 두 유 미인 바이 댓

■ 대체 무슨 소리 하는 거야?

What are you talking about?

왓 아 유 토킹 어바웃

■ 이해할 수가 없군요. 다시 한 번 말해 주세요.

I can't understand. Pardon me.

아이 캔(트) 언덜스텐드. 파든 미

■ 좀 크게 말씀해 주시겠어요?

Would you speak a little louder?

우듀 스픽 어 리들 라우덜

■ 철자를 알려주시겠어요?

Could you spell it for me, please?

쿠듀 스펠 잇 풔 미 플리즈

■ 다시 한 번 설명해 주시겠어요?

Can you explain that to me once more?

캐뉴 익쓰플레인 댓 투 미 원스 모얼

■ 내가 좀 더 알기 쉽게 설명해 주실래요?

Can you go over that again for me?

캐뉴 고우 오우벌 댓 어겐 풔 미

Circumstance
English

우리가 생활을 하다보면 이런 저런 상황에 부딪치게 되죠. 손님도 초대하고 아프면 병원에도 가고, 결혼식에서 축하도 해주고 지인의 부음을 전해 듣는 슬픈 상황도 있습니다. 이 장에서는 손님을 초대하고 접대할 때, 술 한 잔 즐길 때, 패스트푸드점, 우체국, 은행, 병원, 약국, 세탁소, 미용실 이용할 때, 결혼식, 장례식, 경찰서에서 도움을 청할 때 등 상황별, 장소별로 바로바로 찾아서 즉석에서 활용할 수 있는 표현을 담았습니다.

바로바로 골라 쓴다!
생생 상황영어

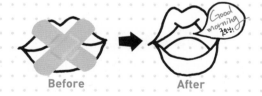

Before   After

63 가정에서 식사할 때

언제 밥 먹어요? **When are we going to eat?**

저녁 준비 거의 다 됐어. **Dinner will be ready soon.**

■ 우리 오늘 저녁 메뉴는 뭐예요?

What are we having for dinner tonight?

왓 아 위 해빙 풔 디널 터나잇

■ 배고파 죽겠어요. 밥 언제 먹어요?

I'm so hungry. When are we going to eat?

아임 쏘우 헝그리. 웬 아 위 고우잉 투 이잇

■ 샐러드는 내가 만들게요.

I'll toss the salad.

아일 토스 더 샐러드

■ 냉장고에 남은 음식이 있어요.

There are leftovers in the refrigerator.

데얼 아 레프트오우벌스 인 더 리프리저레이덜

■ 저녁상 다 차렸어요.

The table is set for dinner.

더 테이블 이즈 셋 풔 디널

■ 밥 좀 더 주세요.

I'd like some more rice, please.

아이드 라익 썸 모얼 라이스 플리즈

■ 국 한 그릇 더 주세요.

I'd like some more broth, please.

아이드 라익 썸 모얼 브로쓰 플리즈

■ 맛있게 잘 먹었습니다.

The food was fabulous.

더 푸드 워즈 패뷸러스

■ 저 먼저 일어나도 될까요?

May I be excused?

메이 아이 비 익스큐즈드

■ 중국요리 시켜 먹어요.

Let's order Chinese food.

렛츠 오덜 차이니즈 푸드

■ 여기로 배달되나요?

Do you deliver to this area?

두 유 딜리벌 투 디쓰 에어리어

■ 지금 주문하면 언제 배달돼요?

When will I get my food if I order now?

웬 윌 아이 겟 마이 푸드 이프 아이 오덜 나우

■ 20분 정도 걸립니다.

It will take about 20 minutes.

잇 윌 테이커바웃 투웨니 미닛츠

64 초대할 때

제 초대를 받아주실래요? **Would you care to be my guest?**

물론이죠. 몇 신가요? **No problem. What time?**

■ 저희 집에서 저녁을 대접하고 싶은데 괜찮으시겠습니까?

Would you like to come to my house for dinner?

우듀 라익 투 컴 투 마이 하우스 풔 디널

■ 저의 초대를 받아 주시겠습니까?

Would you care to be my guest?

우듀 케어 투 비 마이 게스트

■ 제 생일파티에 오실래요?

Could you make it to my birthday party?

쿠듀 메이킷 투 마이 벌쓰데이 팔디

■ 이번 주말에 모임이 있는데 올래요?

I'm having a party this weekend. Do you want to come?

아임 해빙 어 팔디 디쓰 위캔드. 두 유 원 투 컴

■ 토요일에 개업식이 있는데 오실래요?

It's a opening ceremony on Saturday. Would you like to come?

잇처 오우퍼닝 쎄러머니 언 쎄덜데이. 우듀 라익 투 컴

■ 우리와 함께 파티에 가요.

Come to the party with us.

컴 투 더 팔디 위드 어스

■ 당신을 파티에 초대하고 싶어요.

I'd like to invite you to my party.

아이드 라익 투 인바이츄 투 마이 팔디

■ 들어와서 차나 한잔 하고 가세요.

Come in and have some tea.

커민 앤 해브 썸 티이

■ 초대해 주셔서 감사합니다.

Thank you for inviting me.

땡큐 풔 인바이딩 미

■ 기대가 되네요.

I'm looking forward to it.

아임 룩킹 포워드 투 잇

■ 꼭 가겠습니다.

I'll definitely go there.

아일 데퍼니들리 고우 데얼

■ 고맙지만 안 되겠어요.

Thank you just the same.

땡큐 저스트 더 쎄임

■ 초대는 고맙지만 시간이 안 될 것 같아요.

Thank you for inviting me, but it's not possible.

땡큐 풔 인비이딩 미, 벗 잇츠 낫 파써블

65 손님 접대하기

표현문형

편안히 앉으세요. **Please make yourself at home.**

집이 정말 좋군요. **It's a really nice house.**

■ 어서 오세요.

Please come in.

플리즈 컴 인

■ 기다리고 있었어요.

I've been waiting for you.

아이브 빈 웨이딩 풔 유

■ 저희 집에 오신 걸 환영해요.

Welcome to my house.

웰컴 투 마이 하우스

■ 멀리서 와주셔서 감사합니다.

Thanks for coming such a distance.

땡스 풔 커밍 서취 어 디스턴스

■ 편안히 앉으세요.

Please make yourself at home.

플리즈 메익큐어쎌프 앳 호움

■ 집을 구경시켜 드릴게요.

I'll show you around the place.

아일 쇼우 유 어라운드 더 플레이스

■ 마실 것 좀 드시겠어요?

   Would you like something to drink?

   우쥬 라익 썸띵 투 드링크

■ 저녁이 준비됐습니다.

   Dinner is on the table.

   디널 이즈 언 더 테이블

■ 식기 전에 드세요.

   Have some before it gets cold.

   해브 썸 비포얼 잇 겟츠 코울드

■ 마음껏 많이 드세요.

   Please help yourself.

   플리즈 헬퓨어셀프

■ 더 필요한 게 있으면 말씀하세요.

   Please tell me, if you need something else.

   플리즈 텔 미, 이퓨 니드 썸띵 엘스

■ 저녁식사 맛있게 하셨어요?

   How did you enjoy your dinner?

   하우 디듀 인조이 유어 디널

■ 후식은 뭐로 하시겠어요?

   What would you like for dessert?

   왓 우쥬 라익 풔 디절트

66 술 한잔 즐길 때

표현문형

자, 건배해요! **Cheers!**

건강을 위하여! **Here's to health!**

■ 저와 술 한잔 하실래요?

How about a drink with me?

하우 어바웃 어 드링크 위드 미

■ 술 한잔 사 주시겠어요?

Can you buy me a drink?

캐뉴 바이 미 어 드링크

■ 우리 언제 같이 한잔합시다.

Let's go out together sometime, then.

렛츠 고우 아웃 투게덜 썸타임, 덴

■ 어디서 맥주나 한잔해요.

Let's go out and grab a couple of beers.

렛츠 고우 아웃 앤 그랩 어 커플 어브 비얼스

■ 여긴 제가 제일 좋아하는 술집 중 하나예요.

This is one of my favorite bars.

디쓰 이즈 원 어브 마이 페이버릿 바알스

■ 어떤 걸로 마실래요?

What would you like to drink?

왓 우듀 라익 투 드링크

■ 저는 얼음 넣은 위스키 한 잔 주세요.

I'll get a glass of whisky on the rocks.

아일 겟 어 글래스 어브 위스키 언 더 락스

■ 한국 소주 마셔본 적 있어요?

Have you tried Korean soju?

해뷰 트라이드 커리언 소주

■ 자, 건배해요!

Cheers!

치얼스

■ 술 마시는 거 좋아하세요?

Do you like to drink?

두 유 라익 투 드링크

■ 저는 술 마시는 걸 그다지 즐기지 않아요.

I don't enjoy drinking very much.

아이 돈(트) 인조이 드링킹 베리 머취

■ 저는 술이 점점 취하는 것 같군요.

I'm getting drunk.

아임 게딩 드렁크

■ 2차 갑시다!

Let's go barhopping!

렛츠 고우 바아호핑

표현문형

여기서 드실 거예요, 가져가실 거예요? **For here or to go?**

가지고 갈 거예요. **It's to go, please.**

■ 치즈버거 주실래요?

Can I get a cheeseburger?

캐나이 겟 어 치즈버걸

■ 세트 메뉴는 뭐가 있어요?

What kind of combo's do you have?

왓 카인드 어브 콤보즈 두 유 해브

■ 2번 세트 메뉴 주세요.

I'll have number 2 combo, please.

아일 해브 넘벌 투우 콤보우 플리즈

■ 보통 사이즈로 드릴까요, 큰 사이즈로 드릴까요?

Regular or large size?

레귤러 오얼 라지 싸이즈

■ 음료수는 어떤 사이즈로 드릴까요?

What size drink would you like?

왓 싸이즈 드링크 우듀 라익

■ 콘샐러드 주세요.

I'll have corn salad, please.

아일 해브 코온샐러드 플리즈

■ 감자튀김 주실래요?

Can I get a basket of fries?

캐나이 겟 어 베스킷 어브 프라이스

■ 케첩을 좀 더 주세요.

I'd like some extra ketchup, please.

아이드 라익 썸 엑스트러 케첩 플리즈

■ 이제 주문 다 하셨어요?

Will that be all?

윌 댓 비 오올

■ 여기서 드시겠어요, 아니면 가져가시겠어요?

Will that be for here or to go?

윌 댓 비 풔 히얼 오얼 투 고우

■ 포장해 주세요.

I'd like it to go, please.

아이드 라이킷 투 고우 플리즈

■ 음료 리필은 무료인가요?

Are the drink refills free?

아 더 드링크 리필스 프리

■ 리필은 저쪽에서 하세요.

You fill your drink glasses over there.

유 피일 유어 드링크 글래시즈 오우벌 데얼

우체국에서 편지나 소포 보내기

얼마짜리 우표를 붙여야 하죠? **How much is the postage?**

어디로 보내실 건데요? **Where to, sir?**

■ 빠른우편으로 부치고 싶어요.

I'd like to send this by express mail.

아이드 라익 투 쎈드 디쓰 바이 익스프레스 메일

■ 이 편지를 등기로 보내고 싶어요.

I'd like this letter registered, please.

아이드 라익 디쓰 레덜 레지스털드 플리즈

■ 이 편지를 모두 항공우편으로 보내주세요.

Please send everything by airmail.

플리즈 쎈드 에브리띵 바이 에얼메일

■ 이 소포 중량을 달아주실래요?

Would you weigh this package?

우듀 웨이 디쓰 패키지

■ 여기서 소포용 박스를 파나요?

Do you sell boxes here?

두 유 쎌 박씨즈 히얼

■ 만일을 위해서 소포를 보험에 들어주세요.

Please insure this parcel just in case.

플리즈 인슈얼 디쓰 파설 저스틴 케이스

■ 우표를 어디서 팔아요?

Where do they sell stamps?

웨얼 두 데이 쎌 스탬프스

■ 판매용 기념우표 있어요?

Do you have any commemorative stamps for sale?

두 유 해브 에니 커메머레이티브 스탬프스 풔 쎄일

■ 이 엽서를 한국으로 보내고 싶어요.

I want to send this cards to Korea.

아이 원 투 쎈드 디쓰 카알즈 투 커리어

■ 한국까지 며칠이나 걸릴까요?

How long will it take to reach Korea?

하울 로옹 위릿 테익 투 리치 커리어

 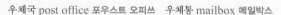

생생 키워드   편지나 소포를 보낼 때 쓸 수 있는 우체국 관련
단어를 알아보죠.

우체국 post office 포우스트 오피쓰   우체통 mailbox 메일박스
수신인 addressee 어드레씨   발신인 sender 쎈더
우표 postage stamp 포우스티쥐 스탬프
그림엽서 picture postcard 픽철 포우스트카드
항공우편 air-mail 에어메일   선박우편 sea-mail 씨이메일
등기우편 registered mail 레지스터드 메일
속달 express 익스프레스   소포 parcel 파쓸
기념우표 commemorative stamp 커메모러티브 스탬프

은행 거래와 환전할 때

표현문형

돈을 어떻게 드릴까요? **How would you like your money?**

현금으로 주시겠어요? **Can I have it in cash, please?**

■ 입금하려고 합니다.
I'd like to deposit money, please.
아이드 라익 투 디파짓 머니 플리즈

■ 예금을 인출하고 싶어요.
I want to make a withdrawal.
아이 원 투 메이커 위쓰드로얼

■ 예금을 해약하려고 합니다.
I'd like to close my account.
아이드 라익 투 클로우스 마이 어카운트

■ 계좌를 개설하고 싶습니다.
I'd like to open an account, please.
아이드 라익 투 오우펀 언 어카운트 플리즈

■ 이자는 어느 정도 되나요?
What's the interest?
왓츠 디 인터레스트

■ 신용카드를 신청하려고 합니다.
I want to apply for a credit card.
아이 원 투 어플라이 풔러 크레딧 카일드

■ 대출을 받을 수 있을까요?

Would I qualify for the loan?

우드 아이 콸러파이 풔 더 로운

■ 오늘 환율은 어떤가요?

What's the exchange rate today?

왓츠 디 익스체인지 레잇 터데이

■ 환전 수수료는 얼마인가요?

How much commission do you charge?

하우 머춰 커미션 두 유 촤알지

■ 한화를 미화로 바꿔주세요.

Please exchange Korean won into US dollars.

플리즈 익스체인지 커리언 원 인투 유에스 달러스

■ 홍콩 달러로 바꿔주세요.

Please change this to Hong Kong dollars.

플리즈 체인지 디쓰 투 홍콩 달러스

■ 전액 100유로화로 주세요.

Please give it to me in 100 Euro bills.

플리즈 기빗 투 미 인 원 헌드레드 유로 빌스

■ 200달러를 바꾸고 싶어요.

I'd like to exchange 200 dollars.

아이드 라익 투 익스체인지 투우 헌드레드 달러스

70-a 병원에서 진료받기

어디가 아프세요? **Where does it hurt?**

바로 여기가 아파요. **It hurts right here.**

■ 이 근처에 병원이 있나요?

Is there a hospital near here?

이즈 데어러 하스피틀 니얼 히얼

■ 좋은 의사 좀 소개해 주시겠어요?

Could you recommend a good doctor?

쿠듀 레커멘드 어 굿 닥털

■ 저하고 병원에 함께 가 주실래요?

Could you come to the hospital with me?

쿠듀 컴 투 더 하스피틀 위드 미

■ 병원에 데려가 주세요.

Take me to the hospital, please.

테익 미 투 더 하스피틀 플리즈

■ 진료 예약을 하고 싶어요.

I would like to see a doctor.

아이 우드 라익 투 씨 어 닥털

■ 언제 진료 받을 수 있나요?

When would he be available?

웬 우드 히 비 어베일러블

■ 의료보험증을 가져오셨어요?

Do you have your healthcare card?

두 유 해뷰어 헬쓰케어 카알드

■ 아픈 원인이 뭔가요?

What's causing it, doctor?

왓츠 코우징 잇, 닥털

■ 제 증상이 심한 건가요?

Is it serious?

이짓 씨어리어스

■ 낫는데 얼마나 걸릴까요?

How long will it take me to get better?

하울 로옹 윌릿 테익 미 투 겟 베덜

■ 입원해야 합니까?

Do I have to be in hospital?

두 아이 해브 투 비 인 하스피틀

■ 언제쯤 나을 수 있을까요?

When will I get well?

웬 윌 아이 겟 웰

■ 저는 혈액형이 O형이고, 알레르기 체질이에요.

My blood type is O and I have allergies.

마이 블러드 타입 이즈 오우, 앤 아이 해브 앨러지스

병원에서 진료받기

■ 어디가 어떻게 안 좋으신가요?

What are your symptoms?

왓 아 유어 씸프텀스

■ 엑스레이를 찍겠어요.

I need to take your X-ray.

아이 니드 투 테이큐어 엑스레이

■ 혈압을 재겠어요.

I have to take your blood pressure.

아이 해브 투 테이큐어 블러드 프레슈얼

■ 이렇게 아프신 지 오래되셨어요?

Have you had this for long?

해뷰 해드 디쓰 풔 로옹

■ 제가 수술을 받아야 하나요?

Do I need surgery?

두 아이 니드 썰저리

■ 수술이 아픕니까?

Will the procedure hurt?

윌 더 프러시절 헐트

■ 수술자국이 남아요?

Will I have scars?

윌 아이 해브 스칼스

생생 키워드   진료를 받을 때 아픈 증상을 설명하는 표현들을
알아보죠.

바로 여기가 아파요.
It hurts right here.
잇 헐츠 롸잇 히얼

배가 아파요.
My stomach is upset.
마이 스터먹 이즈 업셋

속이 쓰리고 소화가 안 돼요.
I've heartburn and indigestion.
아이브 헐트버언 앤 인다이제스천

토할 것 같아요.
I feel like vomiting.
아이 필 라익 바미딩

감기 증상이 있어요.
I have a bit of a cold.
아이 해브 어 빗 어브 어 코울드

몸살로 온몸이 아파요.
My body aches all over.
마이 바디 에익스 오올 오우버

열이 많이 났어요.
I had a high fever.
아이 해더 하이 피버

기침을 하고 콧물이 나와요.
I have a cough and my nose is running.
아이 해브 어 코우프 앤 마이 노우즈 이즈 러닝

두드러기가 납니다.
My skin is breaking out.
마이 스킨 이즈 브레이킹 아웃

온몸이 가려워요.
I fell itchy all over.
아이 펠 잇취 오올 오우버

발목을 삐었어요.
I sprained my ankle.
아이 스프레인드 마이 앵클

다리가 부러졌어요.
I've broken my leg.
아이브 브로큰 마이 레그

설사를 하고 현기증이 있어요.
I have diarrhea and I feel dizzy.
아이 해브 다이아뤼어 앤드 아이 필 디지

변비가 있어요.
I'm constipated.
아임 칸스티페이딧

71 약국에서 약 구입하기

처방전대로 약을 지어 주세요. **Fill this prescription, please.**

알겠습니다. **Alright.**

■ 약국을 찾고 있어요.

I'm looking for a pharmacy.

아임 룩킹 풔러 팔머시

■ 여기 제 처방전이 있어요.

Here's my prescription.

히얼즈 마이 프리스크립션

■ 처방대로 약을 지어 주세요.

Fill this prescription, please.

필 디쓰 프리스크립션 플리즈

■ 약을 어떻게 복용할까요?

How do I take this medicine?

하우 두 아이 테익 디쓰 메더씬

■ 이 약을 하루에 몇 차례나 복용해야 하나요?

How often should I take this medicine?

하우 오펀 슈다이 테익 디쓰 메더씬

■ 한번에 한 알씩 하루 세 번 드십시오.

Take one pill three times a day.

테이크 원 필 뜨리 타임즈 어 데이

■ 식후 30분 후에 한 알을 드십시오.

Take one pill half an hour after eating.

테이크 원 피일 해프 언 아우어 애프터 이딩

■ 머리가 아파요.

I have a headache.

아이 해브 어 헤드에익

■ 아스피린 좀 주시겠어요?

Can I have an aspirin?

캐나이 해번 애스퍼린

■ 이 아픈 데 먹는 약 있어요?

Do you have anything for a toothache?

두 유 해브 에니띵 풔러 투쓰에익

■ 진통제 좀 주시겠어요?

Can I have some painkillers, please?

캐나이 해브 썸 페인킬러스 플리즈

■ 처방전은 없는데요.

I don't have a prescription.

아이 돈(트) 해브 어 프리스크립션

■ 처방전 없이 이 약을 팔 수 없습니다.

We can't sell this without a prescription.

위 캔(트) 쎌 디쓰 위다웃 어 프리스크립션

72 세탁소에 갈 때

표현문형

얼룩 좀 제거해 주실래요? **Could you take out the stains?**

자, 어디 한번 볼게요. **Well, Let me see.**

■ 이 바지를 다리고 싶어요.
   I'd like these pants to be pressed.
   아이드 라익 디이즈 팬츠 투 비 프레스트

■ 제가 양복에 와인을 쏟았어요.
   I spilled wine all over my suit.
   아이 스필드 와인 오올 오우벌 마이 슈트

■ 이 옷 드라이클리닝 해주실래요?
   Could I get these dry cleaned?
   쿠다이 겟 디이즈 드라이 클린드

■ 얼룩 좀 제거해 주실래요?
   Could you take out the stains?
   쿠듀 테이카웃 더 스테인스

■ 이 양복 금요일까지는 세탁해 주셔야 해요.
   I'll need this suit cleaned on Friday.
   아일 니쓰 디쓰 슈트 클린드 언 프라이데이

■ 제 정장이 손상되는 일은 없겠죠?
   This won't damage my suit, will it?
   디쓰 원(트) 데미지 마이 슈트, 윌릿

■ 옷이 줄어들지는 않겠죠?

My clothes won't shrink, will they?

마이 크로우즈 원(트) 쉬링크, 윌 데이

■ 얼룩이 빠지지 않았어요.

You didn't remove the stains.

유 디든(트) 리무브 더 스테인스

■ 제가 드라이클리닝 맡긴 옷을 찾으러 왔어요.

I have come to pick up my dry cleaning.

아이 해브 컴 투 피컵 마이 드라이 클리닝

■ 옷 수선도 해 주시나요?

Do you fix clothes as well?

두 유 픽스 크로우즈 애즈 웰

■ 바지 길이를 좀 늘여 주실래요?

Could you lengthen the pants?

쿠듀 랭썬 더 팬츠

■ 카펫도 세탁할 수 있나요?

Can you clean carpets?

캐뉴 클린 칼펫츠

■ 배달이 되나요?

Do you deliver?

두 유 딜리벌

73 미용실에서 유용한 표현

표현문형

어떻게 잘라드릴까요? **How do you want it cut?**

조금만 다듬어 주세요. **I just want a trim.**

■ 어떤 헤어스타일을 원하세요?

What kind of hair-style would you like?

왓 카인더브 헤얼스타일 우듀 라잌

■ 그냥 다듬어 주세요.

Just a trim, please.

저스트 어 트림 플리즈

■ 스포츠형으로 잘라 주세요.

I want a crew cut.

아이 원트 어 크루 컷

■ 파마를 해 주세요.

I want to get a perm.

아이 원 투 겟 어 펌

■ 제 머리 너무 길고 지저분해진 것 같아요.

My hair has gotten so long and messy.

마이 헤얼 해즈 가튼 쏘우 로옹 앤 메씨

■ 어깨 길이로 잘라 주실래요?

Can I cut shoulder length, please?

캐나이 컷 쇼울더 렝쓰 플리즈

■ 저는 왼쪽으로 가르마를 타는데요.

I separate my hairs to the left.

아이 세퍼레잇 마이 헤얼즈 투 더 레프트

■ 저는 보통 머리를 묶고 다녀요.

I usually wear my hair up.

아이 유주얼리 웨어 마이 헤어럽

■ 어디서 머리를 염색했어요?

Where did you have your hair dyed?

웨얼 디쥬 해브 유어 헤얼 다이드

■ 헤어스타일을 바꾸고 싶은데요.

I'd like to go for a new hair-style.

아이드 라익 투 고우 풔러 뉴우 헤얼스타일

■ 갈색으로 염색해 주실래요?

Can you color my hair brown?

캐뉴 컬러 마이 헤얼 브라운

■ 머리를 좀더 풍성하게 하고 싶어요.

I'd like my hair to have more body.

아이드 라익 마이 헤얼 투 해브 모얼 바디

■ 사진의 여자배우처럼 해주세요.

I want to look like the woman star in the photo.

아이 원 투 룩 라익 더 우먼 스타 인 더 포우토

■ 머리모양이 마음에 드는군요.

I like what you did with my hair.

아이 라익 왓 유 디드 위드 마이 헤얼

74 결혼식에서

결혼을 축하해요! **Congratulations a your marriage!**

참석해 주셔서 기뻐요. **I'm glad you could make it.**

■ 결혼 축하합니다!
   Best regards on your wedding!
   베스트 리가즈 언 유어 웨딩

■ 두 분 행복하기 바랍니다.
   I wish you both the best.
   아이 위쉬 유 보우쓰 더 베스트

■ 행복한 커플을 보니까 기분이 좋아요.
   It's nice to see such a happy couple.
   잇츠 나이쓰 투 씨 서취 어 해피 커플

■ 두 사람이 결혼하다니 믿기지가 않아요.
   I can't believe you two are wedding.
   아이 캔(트) 빌리브 유 투우 아 웨딩

■ 신랑 신부와는 어떻게 아시는 사이세요?
   How do you know the bride and groom?
   하우 두 유 노우 더 브라이드 앤 그루움

■ 두 사람과 같은 대학을 다녔어요.
   They and I went to university together.
   데이 앤 아이 웬 투 유너벌써디 투게덜

■ 행운의 사나이는 누구예요?

who is the lucky guy?

후 이즈 더 럭키 가이

■ 당신은 정말 행운아예요!

You're a lucky man!

유아러 럭키 맨

■ 두 사람 행복하길 빌어!

Best of luck to you both!

베스트 어브 럭 투 유 보우쓰

■ 정말 어울리는 한 쌍이군요!

What a lovely couple you make!

왓 어 러블리 커플 유 메익

■ 정말 아름다운 결혼식이었어요!

That was a lovely ceremony!

댓 워저 러블리 쎄레머니

■ 결혼식에 참석해 주셔서 기뻐요.

I'm glad you could make it.

아임 글래듀 쿠드 메이킷

■ 결혼식에 와주셔서 정말 감사합니다.

I really appreciate you coming to the wedding.

아이 리얼리 어프리쉬에잇 유 커밍 투 더 웨딩

75 장례식에서

> **표현문형**
>
> 깊은 조의를 표합니다. **My deepest condolence.**
>
> 위로해 주셔서 감사합니다. **Thanks for your sympathy.**

■ 힘든 시간이시겠어요.

You must be having a hard time.
유 머스트 비 해빙 어 할드 타임

■ 뭐라고 드릴 말씀이 없습니다.

I'm sorry to hear about your loss.
아임 쏘리 투 히얼 어바웃 유어 로스

■ 삼가 깊은 조의를 표합니다.

Present my deepest condolences.
프리젠트 마이 딥피스트 컨도우런시스

■ 정말 안됐습니다. 마음이 아프군요.

I'm sorry to hear that. I'm in mourning.
아임 쏘리 투 히얼 댓. 아임 인 모닝

■ 진심으로 애도의 뜻을 표하는 바입니다.

Please accept my sincere condolences.
플리즈 억셉트 마이 신시얼 컨도우런시스

■ 이제 좀 괜찮으신가요?

How are you holding up?
하우 아 유 홀딩 업

■ 위로해 주셔서 감사합니다.

Thank you for your sympathy.

땡큐 풔 유어 씸퍼띠

■ 저는 고인을 잊지 못할 것입니다.

I'll never forget her.

아일 네벌 포겟 헐

■ 고인을 알게 된 것은 영광이었습니다.

It was a privilege to know him.

잇 워즈 어 프리벌리지 투 노우 힘

■ 고인은 우리 마음속에 영원히 살아 있을 것입니다.

He will always live on in our hearts.

히 윌 오올웨이즈 리브 언 인 아우얼 하알츠

■ 제가 뭐 도울 일이라도 있을까요?

Is there anything I can do?

이즈 데얼 에니띵 아이 캔 두

■ 누군가가 필요하시면 제게 기대세요.

If you need someone, you can lean on me.

이퓨 니드 썸원, 유 캔 리인 언 미

■ 당신에겐 우리가 있잖아요.

We are all here for you.

위 아 오올 히얼 풔 유

경찰서에 도움을 요청할 때

소매치기를 당했어요. **I think I got pick-pocketed.**

경찰에 신고는 하셨어요? **Have you called the police?**

■ 경찰서죠?

Is this the police station?

이즈 디쓰 더 폴리스 스테이션

■ 경찰에 신고하고 싶습니다.

I'd like to report this to the police.

아이드 라익 투 리폴트 디쓰 투 더 폴리스

■ 교통사고를 신고하려고 해요.

I'd like to report a traffic accident.

아이드 라익 투 리폴터 트래픽 엑써던트

■ 화재 신고를 하려고 해요.

I'd like to report a fire.

아이드 라익 투 리폴터 화이어

■ 다친 사람이 있어요.

There is someone injured here.

데어리즈 썸원 인쥬어드 히얼

■ 제 친구 머리에서 피가 나요.

My friend is bleeding from the head.

마이 프렌드 이즈 블리딩 프럼 더 헤드

■ 제가 충돌 사고를 당했습니다.

I had a traffic accident.

아이 해더 트래픽 액써던트

■ 교통사고를 당했어요. 저는 횡단보도를 걷고 있었어요.

I was hit by a car. I was walking on the crossing.

아이 워즈 힛 바이 어 카알. 아이 워즈 워킹 언 더 크로싱

■ 지하철에서 지갑을 소매치기 당했어요.

My purse was pick pocketed in the subway.

마이 펄스 워즈 픽 파키티드 인 더 썹웨이

■ 지갑을 도난당했는데 그 속에 신용카드가 들어 있어요.

My wallet was taken, and credit cards were in it.

마이 왈릿 워즈 테이컨, 앤 크레딧 카알즈 워얼 인 잇

■ 경찰 아저씨, 제 아이가 없어졌어요.

Officer, my child is missing.

오피써, 마이 차일드 이즈 미씽

■ 아이를 마지막으로 본 게 어딥니까?

Where did you last see the child?

웨얼 디쥬 라스트 씨 더 차일드

■ 아이가 어떻게 생겼죠?

Describe your child for me?

디스크라이브 유어 차일드 풔 미

Overseas Travel
English

해외여행을 하고 돌아온 사람들을 만나면 여행지에서 말이 잘 안 통해서 손짓발짓 다 섞어가며 보디랭귀지를 하느라 진땀을 흘렸다는 에피소드를 쉽게 들을 수 있습니다. 하지만 아무리 손짓발짓 다한다 해도 통하지 않는 상황이 있게 마련입니다. 이 장에서는 해외여행을 시작하면서 공항에서 출입국수속을 할 때, 호텔이나 관광지에서 부딪치는 문제 등 해외여행에 필요한 다양한 상황별 표현을 담았습니다.

한 번에 통하는 GO!
해외여행 영어

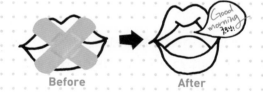

Before → **After**

77 출국할 때

뉴욕행 게이트가 여긴가요? **Is this the gate for New York?**

네, 그렇습니다. **Yes, it is.**

■ 이곳이 서울행 비행기의 체크인 카운터인가요?
Is this the check in counter for the flight to Seoul?
이즈 디쓰 더 첵킨 카운털 풔 더 플라잇 투 서울

■ 비행기표와 여권을 보여주시겠습니까?
May I see your ticket and passport, please?
메이 아이 씨 유어 티킷 앤 패스폴트 플리즈

■ 창가 쪽 좌석을 주세요.
I'd like a window seat, please.
아이드 라이크 어 윈도우 씨잇 플리즈

■ 저울에 짐을 올려 주시겠어요?
Could you put your baggage on the scale, please?
쿠듀 풋 유어 배기지 언 더 스케일 플리즈

■ 짐이 중량이 초과되었네요.
Your baggage is over-weight.
유어 배기지 이즈 오우벌 웨잇

■ 이것을 기내에 가지고 들어갈 수 있나요?
Can I carry this into the cabin?
캔 아이 캐리 디쓰 인투 더 캐빈

■ 초과 요금은 얼마인가요?

How much is the excess charge?

하우 머취 이즈 디 익세스 촤알지

■ 5번 게이트를 알려주시겠어요?

Could you show me gate five?

쿠듀 쑈우 미 게이트 파이브

■ 탑승 시간은 언제인가요?

When is the boarding time?

웬 이즈 더 보딩 타임

■ 비행기는 정시에 도착하나요?

Is the plane going to arrive on time?

이즈 더 플레인 고우잉 투 어라이브 언 타임

■ 비행기가 얼마나 지연될까요?

How long will it be delayed?

하울 로옹 월 잇 비 딜레이드

■ 어디서 비행기를 갈아탑니까?

Where do I go to catch my connection?

웨얼 두 아이 고우 투 캐취 마이 커넥션

■ 갈아탈 항공편 확인은 어디에서 하나요?

Where can I confirm my flight?

웨얼 캐나이 컨폼 마이 플라잇

78 입국심사와 세관신고 할 때

이건 과세 물품입니다. **You need to pay duty on this.**

과세액이 얼마죠? **How much is the duty?**

■ 방문 목적은 무엇인가요?

What's the purpose of your visit?

왓츠 더 펄포스 어브 유어 비짓

■ 관광하러 왔어요.

I'm here to do some sightseeing.

아임 히얼 투 두 썸 싸잇씨잉

■ 사업차 왔습니다.

I'm here on business.

아임 히얼 언 비즈니스

■ 친척을 방문하러 왔어요.

I'm here to visit my relatives.

아임 히얼 투 비짓 마이 렐러티브스

■ 이곳 방문이 처음이신가요?

Is this your first visit here?

이즈 디쓰 유어 펄스트 비짓 히얼

■ 이곳에 얼마나 머무실 예정인가요?

How long will you be staying here?

하울 로옹 윌 유 비 스테잉 히얼

■ 최종 목적지는 어디인가요?

What's your final destination?

왓츠 유어 파이널 데스터네이션

■ 혼자 여행하시나요?

Are you traveling alone?

아 유 트레벌링 얼로운

■ 어디에서 머무실 건가요?

Where are you staying?

웨얼 아 유 스테잉

■ 돌아가실 비행기표는 있나요?

Do you have a return ticket?

두 유 해브 어 리턴 티킷

■ 신고할 것이 있으신가요?

Do you have anything to declare?

두 유 해브 에니띵 투 디클레얼

■ 저는 신고할 것이 없어요.

I have nothing to declare.

아이 해브 너띵 투 디클레얼

■ 이것은 제 개인적인 용품이에요.

These are my personal belongings.

디즈 아 마이 펄스널 빌롱잉즈

■ 그 디지털카메라는 제가 사용하는 거예요.

That digital-camera is for my personal use.

댓 디지털캐머러 이즈 풔 마이 펄스널 유스

표현문형

제 짐이 보이지 않아요. **I can't find my baggage.**

어떤 종류의 가방입니까? **What does your bag look like?**

■ 수하물 찾는 곳은 어디인가요?

Where is the baggage claim area?

웨어리즈 더 배기지 클레임 에어리어

■ 짐이 아직 나오지 않았습니다.

My baggage hasn't arrived.

마이 배기지 해즌(트) 어라이브드

■ 제 여행 가방이 망가져 있어요.

I found my suitcase broken.

아이 파운드 마이 슈웃케이스 브로우컨

■ 어떤 종류의 가방입니까?

What does your bag look like?

왓 더즈 유어 백 룩 라이크

■ 가방을 저울 위에 올려놓으시겠습니까?

Would you put your suitcase on the scale, please?

우두 풋 유어 슈웃케이스 언 더 스케일 플리즈

■ 이것에 대해서는 세금을 물어야 합니다.

You will have to pay duty on this.

유 윌 해브 투 페이 듀디 언 디쓰

■ 초과 수하물비는 얼마인가요?

How much is the excess baggage charge?

하우 머취 이즈 디 익세스 배기지 촤알지

■ 어디에서도 제 짐을 찾을 수 없네요.

I can't find my baggage anywhere.

아이 캔(트) 파인드 마이 배기지 에니웨얼

■ 이게 제 수하물표예요.

Here is my claim tag.

히어리즈 마이 클레임 택

■ 분실물신고소는 어디인가요?

Where is the lost and found counter?

웨어리즈 더 로스트 앤 파운드 카운터

■ 제 짐을 찾게 도와주실래요?

Will you please help me to find them?

윌 유 플리즈 헬프 미 투 파인드 뎀

■ 이 양식을 작성해 주십시오.

Please fill out this form.

플리즈 필 아웃 디쓰 포옴

■ 손님의 가방은 다음 비행기로 올 것 같습니다.

I think your bag is on the next plane.

아이 띵크 유어 백 이즈 언 더 넥스트 플레인

표현문형

식사 끝나셨어요? **Are you through with your meal?**

네, 트레이를 치워주세요. **Yes. Please take this tray.**

■ 자리를 옮겨주실 수 있나요?

Could you move seats for me, please?

쿠듀 무브 씨잇츠 풔 미 플리즈

■ 베개와 담요를 주시겠어요?

Can I have a pillow and blanket, please?

캐나이 해브 어 필로우 앤 블랭킷 플리즈

■ 독서등은 어떻게 켤 수 있나요?

How do you turn on the reading-light?

하우 두 유 턴 언 더 리딩라이트

■ 한국어 잡지가 있나요?

Do you have any Korean magazines?

두 유 해브 에니 커리언 매거진스

■ 음료수 좀 주십시오.

I'd like something to drink, please.

아이드 라익 썸띵 투 드링크 플리즈

■ 고기는 안 먹어요. 생선 요리로 주세요.

I can't eat meat. Fish, please.

아이 캔(트) 이잇 미트. 피쉬 플리즈

- 멀미가 약간 나네요. 멀미약 좀 주실래요?

  I feel a little sick. Could I have some anti nausea medicine?

  아이 피일 어 리들 씩. 쿠다이 해브 썸 앤타이 노지어 메더씬

- 위생봉투가 어디 있나요?

  Where are the airsickness bags?

  웨얼 아 디 에어씨크니스 백스

- 한국인 승무원에게 얘기하고 싶은데요.

  I'd like to speak to a Korean flight attendant.

  아이드 라익 투 스픽 투 어 커리언 플라잇 어텐던트

생생 키워드　출입국 시에 필요한 공항 관련 단어를 알아보죠.

탑승권 boarding pass 보딩패스	탑승구 boarding gate 보딩 게이트
탑승시간 boarding time 보딩 타임	탑승수속 check in 첵킨
객실승무원 flight attendant 플라잇 어텐던트	여승무원 stewardess 스튜어디스
분실신고서 theft report 떼프트 리폴트	기내수화물 carry-on baggage 캐리 언 배기지
입국 허가 admission 어드미션	공항버스 limousine 리무진
공항 이용료 departure tax 디파철 택스	면세점 duty-free shop 듀티프리 샵
출국 신고서 embarkation card 임바케이션 카아드	

이주 카드 immigration card 이머그레이션 카아드

안전벨트를 매세요. Fasten your seat belt 패슨 유어 씨잇 벨트

좌석으로 돌아가세요. Return to seat 뤼턴 투 씨잇

호텔 체크인&체크아웃

표현문형

어떤 방을 원하세요? **What type of room would you like?**

더블 룸으로 부탁합니다. **A double room, please.**

■ 체크인을 부탁해요.

I'd like to check in, please.

아이드 라익 투 첵킨 플리즈

■ 저는 예약을 했어요.

I'm supposed to have a reservation.

아임 써포즈드 투 해브 어 레절베이션

■ 어느 분 성함으로 예약되어 있나요?

What name is it under?

왓 네임 이짓 언덜

■ 여기 숙박카드를 작성해 주시겠어요?

Would you please fill out this registration form?

우듀 플리즈 필 아웃 디쓰 레지스트레이션 포옴

■ 방이 있나요? 예약을 못했어요.

Do you have a room? I don't have a reservation.

두 유 해브 어 루움? 아이 돈(트) 해브 어 레절베이션

■ 숙박할 만한 곳을 소개해 주실래요?

Could you suggest a good place to stay?

쿠듀 써제스트 어 굿 플레이스 투 스테이

■ 하룻밤 숙박요금이 어떻게 되나요?

How much is it per night?

하우 머취 이짓 퍼 나잇

■ 장기투숙을 하면 요금을 할인해 주나요?

Will you give me a discount if I stay longer?

월 유 기브 미 어 디스카운트 이파이 스테이 로옹걸

■ 더 싼 방은 없나요?

Is there anything cheaper?

이즈 데얼 에니띵 치펄

■ 전망 좋은 방으로 부탁해요.

I want a room with a nice view, please.

아이 원트 어 루움 위드 어 나이스 뷰 플리즈

■ 지금 체크아웃 하겠어요.

I'd like to check out now.

아이드 라익 투 첵 아웃 나우

■ 비자카드로 지불하겠어요.

VISA credit card, please.

비자 크레딧 카알드 플리즈

■ 제 짐을 오늘 밤까지 맡길 수 있을까요?

Can I leave my bags at the hotel until later tonight?

캐나이 리브 마이 백스 앳 더 호우텔 언틸 레이덜 터나잇

82 객실에 문제가 생겼을 때

전구가 나갔어요. **The light bulb burned out.**

바로 고쳐드리겠습니다. **We'll fix it right away.**

■ 사람 좀 올려 보내 주실래요?

Could you send someone up?

쿠듀 쎈드 썸원 업

■ 에어컨이 고장 났어요.

The air-conditioner is broken.

디 에어컨디셔널 이즈 브로우컨

■ 방이 너무 추워요.

This room is too cold.

디쓰 루움 이즈 투우 코울드

■ 욕실에 문제가 생겼어요.

I'm having problems with the bathroom.

아임 해빙 프라블럼즈 위드 더 배쓰루움

■ 욕실의 물이 빠지지 않는군요.

The bathroom drain is plugged.

더 배쓰루움 드레인 이즈 플러그드

■ 텔레비전이 고장 났어요.

The TV is broken.

더 티비 이즈 브로우컨

■ 이 냉방장치는 어떻게 조절해요?

How do you adjust this air-conditioner?

하우 두 유 어드저스트 디쓰 에어컨디셔널

■ 이걸 어떻게 사용하는지 모르겠군요.

I don't know how to use this.

아이 돈(트) 노우 하우 투 유스 디쓰

■ 더운 물이 나오지 않는군요.

There's no hot water.

데어리즈 노우 핫 워덜

■ 다른 방으로 바꾸고 싶어요.

I'd like to switch to another room.

아이드 라익 투 스위치 투 어나덜 루움

■ 방에 열쇠를 둔 채 문을 닫았어요.

I locked myself out.

아이 락트 마이쎌파웃

■ 문 좀 열어 주실래요?

Could you open my room for me?

쿠듀 오우펀 마이 루움 풔 미

■ 방 열쇠를 하나 더 얻을 수 있나요?

Could you give me one more room key?

쿠듀 기브 미 원 모얼 루움 키

83 호텔 서비스 이용할 때

아침식사를 부탁해요. **I'd like to order breakfast, please.**

몇 시에 가져다 드릴까요? **What time shall we bring it?**

■ 귀중품을 보관하고 싶어요.

I'd like to deposit my valuables.

아이드 라익 투 디파짓 마이 밸루어블즈

■ 제게 남겨진 메모는 없나요?

Are there any messages for me?

아 데얼 에니 메시지즈 풔 미

■ 연회장은 몇 층인가요?

Which floor is the convention hall?

위치 플로얼 이즈 더 컨벤션 홀

■ 식당으로 안내해 주세요.

Show me the restaurant, please.

쇼우 미 더 레스터런트 플리즈

■ 룸서비스를 어떻게 부르나요?

How do I call room service?

하우 두 아이 콜 루움 썰비스

■ 토스트와 커피 좀 갖다 주세요.

Bring me some toast and coffee, please.

브링 미 썸 토우스트 앤 커피 플리즈

- 주문한 아침식사가 아직 오지 않아요.

  I'm still waiting for the breakfast I ordered.

  아임 스틸 웨이딩 풔 더 브렉퍼스트 아이 오덜드

- 수신자부담 전화가 가능한가요?

  Can I make a collect call?

  캔 아이 메이커 컬렉트 콜

- 내일 아침 7시에 모닝콜 부탁해요.

  I need a wake-up call at 7:00 tomorrow morning.

  아이 니더 웨이컵 콜 앳 쎄븐 터마로우 모닝

- 다리미를 방으로 갖다 주시겠어요?

  Could you bring an iron up to my room?

  쿠듀 브링 언 아이언 업 투 마이 루움

- 세탁서비스가 있나요?

  Do you provide laundry services?

  두 유 프로바이드 론드리 썰비시즈

- 제 숙박료에 포함해 주세요.

  Please put it on my bill.

  플리즈 풋 잇 언 마이 빌

- 비상구는 어디에 있나요?

  Where is the emergency exit?

  웨어리즈 디 이멀전씨 엑시트

유스호스텔에서 묵을 때

오늘밤 빈 방 있어요? **Do you have a room for tonight?**

지금은 예약이 모두 찼습니다. **We have no vacancies.**

■ 요즘에 유스호스텔은 열려 있나요?

Youth Hostel open, this season?

유스 하스틀 오우펀, 디쓰 시즌

■ 오늘 밤 2인용 침대가 있나요?

Do you have two beds tonight?

두 유 해브 투우 베즈 터나잇

■ 회원증을 갖고 있어요.

I have a membership card.

아이 해브 어 멤벌쉽 카알드

■ 샤워는 어디서 할 수 있나요?

Where can I shower?

웨얼 캐나이 샤우얼

■ 취사는 가능한가요?

Can I cook for myself?

캐나이 쿡 풔 마이쎌프

■ 여기에 보관함이 있나요?

Do you have a safety box here?

두 유 해브 어 세이프티 박스 히얼

■ 시트를 빌려 주세요.

Please lend me a bed sheet.

플리즈 렌드 미 어 베드 쉬트

■ 냄비와 버너를 빌려 주세요.

Please lend me a pan and burner.

플리즈 렌드 미 어 팬 앤 버널

■ 주의할 점은 무엇인가요?

Is there any duty?

이즈 데얼 에니 듀디

■ 방에서 너무 떠들지 마세요.

Don't make noises in the rooms.

돈(트) 메익 노이지즈 인 더 루움즈

■ 이 짐을 보관해 주시겠어요?

Can you keep this baggage for me?

캐뉴 킵 디쓰 배기지 풔 미

■ 맡긴 짐을 찾아가겠어요.

I'd like to pick up my baggage.

아이드 라익 투 피컵 마이 배기지

■ 2일 더 묵고 싶어요.

I want to stay two more days.

아이 원 투 스테이 투우 모얼 데이즈

85 자동차 빌릴 때

표현문형

보험은 어떻게 할까요? How much insurance would you like?

완전 보상으로 해 주세요. I want full coverage.

■ 공항에 사무실이 있습니까?

Do you have an office at the international airport?

두 유 해브 언 오피스 앳 디 인터네셔늘 에얼폴트

■ 자동차를 빌리고 싶어요.

I'd like to rent a car, please.

아이드 라익 투 렌터 카알 플리즈

■ 얼마 동안 사용하실 겁니까?

How long will you have it for?

하울 로옹 윌 유 해브 잇 풔

■ 3일 동안 렌트하고 싶은데요.

I'd like to keep it for three days.

아이드 라익 투 킵 잇 풔 뜨리 데이즈

■ 소형차로 빌려 주세요.

I'd like an economy model.

아이드 라익 언 이카너미 마들

■ 저는 오토매틱 차를 원해요.

I want a car with an automatic transmission.

아이 원터 카알 위드 언 오터매틱 트랜스미션

- 보증금을 내야 하나요?

  Do I have to pay a deposit?

  두 아이 해브 투 페이 어 디파짓

- 차를 돌려 드릴 때 기름을 넣어야 하나요?

  Should I fill it up before returning it?

  슈다이 필릿 업 비포얼 리터닝 잇

- 차를 반환할 때는 기름을 채워주세요.

  Fill the tank when you return the car.

  필 더 탱크 웬 유 리턴 더 카알

- 차를 어디에 돌려줘야 하나요?

  Where do I return the car?

  웨얼 두 아이 리턴 더 카알

- 공항에 차를 반납하시면 돼요.

  You can drop it off at the airport.

  유 캔 드랍핏 어프 앳 디 에얼폴트

- 차 매뉴얼은 조수석 박스에 있어요.

  The car's manual is in the glove compartment.

  더 카알즈 매뉴얼 이즈 인 더 글로브 컴팔트먼트

- 스페어타이어는 트렁크에 있어요.

  There's a spare tire in the trunk.

  데얼즈 어 스페얼 타이어 인 더 트렁크

표현문형

어디를 먼저 가야 할까요? **Where should we go first?**

루브르 박물관은 가보셨나요? **Did you go to the Louvre?**

■ 여행 안내소는 어디에 있나요?

Where is the tourist information office?

웨어리즈 더 투어리스트 인포메이션 오피스

■ 관광 지도를 주십시오.

A sightseeing map, please.

어 싸잇씨잉 맵 플리즈

■ 여행 안내서를 얻을 수 있을까요?

Could I get a tour guidebook?

쿠다이 겟 어 투어 가이드북

■ 이 도시에서 가장 볼만한 게 뭔가요?

What are the best sights to see in this town?

왓 아 더 베스트 싸이츠 투 씨 인 디쓰 타운

■ 구경할 만한 곳을 알려주시겠어요?

Can you recommend some interesting place?

캐뉴 레커멘드 썸 인터레스팅 플레이스

■ 어떤 관광이 인기가 있나요?

Will you tell me which tour is popular?

월 유 텔 미 위치 투어 이즈 파퓰러

■ 야간 투어를 하고 싶어요.

I'd like to join a night tour.
아이드 라익 투 조인 어 나잇 투어

■ 하루 코스로 갔다올 수 있는 곳을 알려주실래요?

Could you tell me about some good day trips I can make?
쿠듀 텔 미 어바웃 썸 굿 데이 트립스 아이 캔 메익

■ 여기서 여행 예약을 할 수 있나요?

Could I make a tour reservation here?
쿠다이 메이커 투어 레절베이션 히얼

■ 한국어 하는 가이드가 있나요?

Is there a Korean speaking guide?
이즈 데얼 어 커리언 스피킹 가이드

생생키워드   여행지에서 유용한 표지판 문구를 알아보죠.

여행안내소 Information Office   신분증명서 제시 ID require
개관시간 Opening Time   영업 중 Open   야간 영업 Staying Open
매진 Sold Out   폐점 Closed   유실물보관소 Lost & Found
음식물 반입 금지 No Food or Drink   식수 Drinking Water
우측통행 Keep Right   출 구 Way Out   고장 Out of Order
칠 주의 Wet Pant   공사 중 Under Construction
들어오지 마시오 Do Not Enter   맹견주의 Beware of The dog
손대지 마시오 Do Not Touch   주차금지 No Parking
자동판매기 Automatic Vending Machine

87 관광지에서

표현문형

디너쇼를 보고 싶은데요. **I want to see a dinner show.**

죄송해요, 좌석이 매진됐어요. **Sorry, the seats are sold out.**

■ 입장료는 얼마인가요?

How much is the admission?

하우 머취 이즈 디 어드미션

■ 미술관의 안내책자가 있나요?

Do you have a brochure for the Art Museum?

두 유 해브 어 브로슈얼 풔 디 알트 뮤지엄

■ 유람선 타는 곳은 어디인가요?

Where can I get on a sightseeing boat?

웨얼 캐나이 겟 언 어 싸잇씨잉 보우트

■ 시내 관광버스가 있나요?

Is there a tourist bus?

이즈 데얼 어 투어리스트 버스

■ 실례지만 이 지도에서 제가 어디쯤 있는지 알려주실래요?

Excuse me, Where am I on this map?

익스큐즈 미, 웨얼 앰 아이 언 디쓰 맵

■ 이 근처에 있는 좋은 식당을 추천해 주실래요?

Could you recommend a good restaurant in town?

쿠듀 레커멘드 어 굿 레스터런트 인 타운

■ 가까운 백화점은 어딘가요?

Where's the near department store?

웨얼즈 더 니얼 디파트먼트 스토얼

■ 아내에게 줄 선물을 찾고 있어요.

I'm looking for a present for my wife.

아임 룩킹 풔러 프레즌트 풔 마이 와이프

■ 이 근처에 디스코텍이 있나요?

Is there any discotheque around here?

이즈 데얼 에니 디스코텍 어라운드 히얼

■ 저는 카지노에 가본 적이 없어요.

I have never played in a casino.

아이 해브 네벌 플레이드 인 어 커시노우

■ 초보자에게 좋은 게임은 뭔가요?

Which is a good game for a beginner?

위치 이저 굿 게임 풔러 비기널

■ 블랙잭은 어떻게 하는 거예요?

How to play Black Jack?

하우 투 플레이 블랙잭

■ 이 근처에 화장실이 있나요?

Is there a lavatory near here?

이즈 데얼 어 레버토리 니얼 히얼

88 기념사진 찍을 때

표현문형

사진 좀 찍어주실래요? Would you take a picture for us?

그럴게요. 웃으세요. Okay. Smile.

■ 저희들 사진 좀 찍어주실래요?

Would you mind taking our picture?

우듀 마인드 테이킹 아우얼 픽철

■ 에펠탑을 배경으로 사진을 찍어주세요.

Take the picture, please take Eiffel Tower in the background.

테이크 더 픽철, 플리즈 테이크 에펠 타우얼 인 더 백그라운드

■ 준비됐어요, 찍으세요.

I'm ready, go ahead.

아임 레디, 고우 어헤드

■ 이 버튼을 누르시면 돼요.

Just push this button.

저스트 푸쉬 디쓰 버튼

■ 여기서 사진 찍어도 되나요?

May I take pictures here?

메이 아이 테익 픽철스 히얼

■ 함께 사진 찍으실래요?

May I have a photo taken with you?

메이 아이 해브 어 포우도 테이컨 위듀

■ 당신 사진을 보내드릴게요.

I'll send you the pictures.

아일 쎈드 유 더 픽철스

■ 카메라가 고장 났어요.

The camera doesn't work.

더 캐머러 더즌(트) 월크

■ 일회용 카메라를 찾고 있어요.

I'm looking for a disposable camera.

아임 룩킹 풔러 디스포우저블 캐머러

생생 키워드   사진 촬영과 관련된 표현을 알아보죠.

사진을 찍다 take a picture 테이커 픽철

인화 print 프린트   확대 enlarge 인라아쥐

일회용 사진기 disposable camera 디스포우저블 캐머라

사진촬영 금지 no photographs 노우 포토그랩즈

플래시 금지 no flashbulbs 노우 플래시벌브즈

전망대 observation tower 압절베이션 타우얼

수족관 aquariums 어퀘어리엄즈   식물원 botanical garden 버태니컬 가든

박물관 museum 뮤지엄   동물원 zoo 주우   사원 temple 템플

고궁 ancient palace 에인션트 팰리스   화랑 art gallery 아트 갤러리

광장 square 스퀘어   온천 spa 스파   유람선 excursion ship 익스컬전 쉽

89 여행지에서 친구 사귀기

■ 혼자 여행하세요?

Are you traveling alone?

아 유 트레벌링 얼로운

■ 저는 혼자 여행하는 것을 좋아해요.

I like to travel alone.

아이 라익 투 트레벌 얼로운

■ 제가 안내를 해드릴까요?

Should I be your guide?

슈다이 비 유어 가이드

■ 어디에서 오셨어요?

Where are you from?

웨얼 아 유 프럼

■ 전 한국 서울에서 왔어요. 당신은요?

I'm from Seoul Korea. How about you?

아임 프럼 서울 커리어. 하우 어바우츄

■ 저는 오늘아침에 여기 도착했어요.

I just got here to this morning.

아이 저스트 갓 히얼 투 디쓰 모닝

■ 무슨 일을 하시나요?

what do you do for a job?

왓 두 유 두 풔러 잡

■ 안녕하세요, 같이 앉아도 될까요?

Hello, do you mind if I join you?

헬로우, 두 유 마인드 이프 아이 조인 유

■ 우리 자리에서 함께 드실래요?

Will you join us at our table?

윌 유 조이너스 앳 아우얼 테이블

■ 같이 한 시간이 정말 좋았어요.

It was great fun hanging out with you.

잇 워즈 그레잇 펀 행잉 아웃 위듀

■ 친구 좋다는 게 뭐겠어요?

What are friends for?

왓 아 프렌즈 풔

■ 우리 잠깐 쉬어요.

Let's take a break.

렛츠 테이크 어 브레익

■ 한국에 오시면 연락을 주세요.

Please get in touch with me if you come to Korea.

플리즈 겟 인 터취 위드 미 이프 유 컴 투 커리어

분실이나 도난을 당했을 때

지갑을 도난당했어요. **My wallet was stolen.**

마지막으로 확인한 게 언제죠? **When did you last see it?**

■ 여권을 잃어버렸어요.

I lost my passport.

아이 로스트 마이 패스폴트

■ 신용카드를 잃어버렸어요. 카드를 중지시켜 주세요.

I lost my credit card. Cancel my card, please.

아이 로스트 마이 크레딧 카알드. 캔설 마이 카알드 플리즈

■ 누군가에게 소매치기를 당했어요.

I think someone must have picked my pocket.

아이 띵크 썸원 머스트 해브 픽트 마이 파킷

■ 택시에 짐을 놓고 내렸어요.

I left my baggage in the taxi.

아이 레프트 마이 배기지 인 더 택시

■ 여기서 제 가방 못 보셨나요?

Did you see my bag here?

디쥬 씨 마이 배그 히얼

■ 어디서 분실했는지 모르겠어요.

I don't know where I lost it.

아이 돈(트) 노우 웨어라이 로스트 잇

- 분실물은 어디에 물어봐야 해요?

  Where should I go to ask about lost things?

  웨얼 슈다이 고우 투 애스커바웃 로스트 띵즈

- 분실물센터는 어디에 있나요?

  Where's the lost and found office?

  웨얼즈 더 로스트 앤 파운드 오피스

- 분실증명서를 만들고 싶어요.

  I'd like to make out a theft report.

  아이드 라익 투 메이크 아웃 어 떼프트 리포트

- 티켓을 재발행해 주세요.

  Reissue me a ticket, please.

  리이슈 미 어 티킷 플리즈

- 여권을 재발급 받으러 왔어요.

  I came to get the passport reissued.

  아이 케임 투 겟 더 패스포트 리이슈드

- 곧바로 재발행이 되나요?

  Could you reissue right away?

  쿠듀 리이슈 롸잇 어웨이

- 가능한 한 빨리 저에게 알려 주실래요?

  Would you let me know as soon as possible?

  우듀 렛 미 노우 애즈 쑤운 애즈 파써블

여행지에서 곤란한 일을 당했을 때

표현문형

무슨 일 있으세요? **What's wrong?**

저는 영어가 능숙하지 않아요. **My English isn't very good.**

■ 버스를 잘못 탔어요.

I'm on the wrong bus.

아임 언 더 로옹 버스

■ 서울행 비행기를 놓쳤어요.

I have missed the flight to Seoul.

아이 해브 미스트 더 플라잇 투 서울

■ 정말 급해요. 서둘러 주세요!

I'm in a big hurry. Please hurry up!

아임 이너 빅 허뤼. 플리즈 허뤼 업

■ 몹시 혼동되는군요.

That sounds really confusing.

댓 싸운즈 리얼리 컨퓨징

■ 제 짐이 도착하지 않았어요.

My baggage hasn't arrived.

마이 배기지 해즌(트) 어라이브드

■ 돈을 좀 빌려 주시겠어요?

Could you please lend me some money?

쿠듀 플리즈 렌드 미 썸 머니

■ 저를 병원으로 좀 데려다 주세요.

Please take me to the hospital.

플리즈 테익 미 투 더 하스피틀

■ 이 전화번호로 연락해 주세요.

Please contact this phone number.

플리즈 컨텍트 디쓰 포운 넘벌

■ 제가 어떻게 해야 하나요?

What should I do?

왓 슈다이 두

■ 저를 도와주실래요?

Can you give me a hand?

캐뉴 기브 미 어 핸드

■ 저는 영어를 못합니다.

I can't speak English.

아이 캔(트) 스피크 잉글리쉬

■ 얼마나 있어야 대답을 알 수 있나요?

When can we know the answer by?

웬 캔 위 노우 디 앤썰 바이

■ 저는 이 사고와 관련이 없어요.

I had nothing to do with the accident.

아이 해드 너띵 투 두 위드 디 엑써던트

■ 저는 아직 충격이 가시질 않았어요.

I'm still in shock.

아임 스틸 인 쇼크

■ 생각해 보겠어요.

I'll think about it.

아일 띵커바웃 잇

■ 한번만 봐주세요.

Please give me a chance.

플리즈 기브 미 어 챈스

■ 제가 거짓말 할 이유가 없어요.

I have no reason to lie.

아이 해브 노우 리즌 투 라이

■ 한국어 아는 분을 부탁해요.

Please talk to someone who speaks Korean.

플리즈 톡 투 썸원 후 스피크스 커리언

■ 방송을 해주세요.

Make an announcement, please.

메익컨 어나운스먼트 플리즈

■ 어디에 한국대사관이 있나요?

Do you know where the Korean Embassy is?

두 유 노우 웨얼 더 커리언 엠버씨 이즈

생생 키워드

여행을 하다보면 짐을 잃어버리거나 도난, 예기치 않은 사고 등 곤란한 상황이 생길 때가 많은데 말이 통하지 않아 힘들고 답답하죠. 앞장에 나온 표현들과 함께 긴급 상황을 알리는 간단한 표현을 알아보죠.

경찰서 police station 펄리스 스테이션   파출소 police box 펄리스 박스

경찰관 policeman 펄리스맨   소방서 fire station 파이어 스테이션

구급차 ambulance 앰뷸런스   분실[도난]증명서 theft report 데프트 리폿

대사관 embassy 엠버씨   영사관 consulate 칸설러트

출입국 관리사무소 immigration officer 이머그레이션 오피서

응급 상황이에요!
That's an emergency!
댓츠 언 이멀전씨

조심해!
Watch out!
와치 아웃

도와줘요! 경찰을 불러주세요!
Help! Call the police!
헬프. 코올 더 펄리스

잡아라!
Catch him!
캐치 힘

911에 연락해 주세요!
Call 911!
코올 나인 원 원

엎드려!
Get down!
겟 다운

앰뷸런스를 불러주세요!
Call an ambulance!
코올 언 앰뷸런스

물러나!
Get back!
겟 백

의사를 불러주세요!
Please call a doctor!
플리즈 코올 어 닥터

움직이지 마시오!
Don't move!
돈(트) 무브

Chapter **7**

Leisure & Entertainment English

친구와 공연장을 찾고, 표를 사고, 자리에 앉아서 막이 오르기를 기다릴 때, 경기장에서 응원하는 팀의 짜릿한 홈런에 환호하는 때만큼 행복한 순간도 없을 겁니다. 이 장에서는 주말에 TV를 보거나 영화, 뮤지컬 등 공연을 감상할 때, 헬스클럽에서 건강을 챙길 때, 스포츠나 레저를 즐길 때 등 여가생활에서 유용하게 쓸 수 있는 표현을 담았습니다.

Chapter **7**

신나게 즐기자!
레저&엔터테인먼트
영어

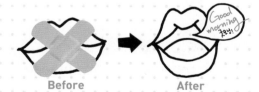

Before   After

취미나 여가생활에 대해 말할 때

낚시를 좋아하세요? **Do you like fishing?**

네, 주말마다 낚시를 가요. **Yes, I go fishing every weekend.**

■ 취미가 뭐예요?

What's your hobby?

왓츠 유어 하비

■ 특별히 좋아하는 게 있나요?

Do you have any special interests?

두 유 해브 에니 스페셜 인터레스츠

■ 전 영화광이에요.

I'm a film buff.

아임 어 필름 버프

■ 음악 감상이 유일한 즐거움이에요.

Listening to music is my only pleasure.

리스닝 투 뮤직 이즈 마이 오운리 플레절

■ 제 취미는 독서예요.

I like to read in my spare time.

아이 라익 투 리드 인 마이 스페얼 타임

■ 등산에 푹 빠졌어요.

I'm really into mountain climbing.

아임 리얼리 인터 마운틴 클라이밍

■ 십자수를 자주 했어요.

I used to cross-stitch all the time.
아이 유스드 투 크러스 스티취 오올 더 타임

■ 우표 수집은 마음을 편안하게 해주는 취미예요.

Philately is a relaxing hobby.
필래덜리 이즈 어 릴랙싱 하비

■ 저는 CD를 수집해요.

I'm a CD collector.
아임 어 씨디 컬렉털

■ 여가 시간에 뭐하고 보내세요?

What do you do in your spare time?
왓 두 유 두 인 유어 스페얼 타임

■ 주말에는 뭘 하고 보내세요?

What do you do on the weekend?
왓 두 유 두 언 더 위캔드

■ 휴일엔 하루 종일 TV만 봐요.

I just stay in and watch TV on the weekends.
아이 저스트 스테이 인 앤 와취 티비 언 더 위캔즈

■ 나는 주로 친구들을 만나요.

I usually spend time with my friends.
아이 유즈얼리 스펜드 타임 위드 마이 프렌즈

TV나 DVD 볼 때

내가 영화 두 편 빌려왔어. **I rented a couple of movies.**

좋아! 우리 영화 봐. **OK, good! We could pop in movies.**

■ TV에서 오늘 재미있는 것 좀 해요?
   Is there anything on TV today?
   이즈 데얼 에니띵 언 티비 터데이

■ 오늘밤 TV에서 뭐해요?
   What is on TV tonight?
   왓 이즈 언 티비 터나잇

■ 엄마가 좋아하시는 드라마 해요.
   There is that one drama mommy likes.
   데어리즈 댓 원 드라머 마미 라이크스

■ 이건 재방송이에요.
   It's a rerun.
   잇츠 어 리런

■ 11번 채널로 돌려 보세요.
   Please check channel 11.
   플리즈 첵 채늘 일레븐

■ 나는 그 배역이 싫어요.
   I don't like that character.
   아이 돈(트) 라이크 댓 캐릭털

■ 그 배역은 실제로 있는 것 같아요.

The character is true to life.

더 캐릭털 이즈 트루 투 라이프

■ 나는 텔레비전 퀴즈 프로를 보면 너무 재미있어요.

I'm enjoying watching a TV quiz show.

아임 인조이잉 와칭 어 티비 퀴즈 쑈우

■ 이 시트콤 정말 재미없어요.

This sitcom is a pretty lame show.

디쓰 씻캄 이즈 어 프리디 레임 쑈우

■ 나는 이 영화에 나오는 주연배우가 좋아요.

I like the main actor in this film.

아이 라익 더 메인 액터 인 디쓰 필름

생생 키워드 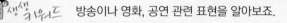 방송이나 영화, 공연 관련 표현을 알아보죠.

감독, 연출가 director 디렉터　　　줄거리 synopsis 시놉시스
흥행 대작, 초대작 blockbuster 블럭버스터
추리물, 미스터리 mystery 미스터리
다큐멘터리 드라마 docudrama 다큐드라-머
(영상물 등의) 등급 rating 레이팅
(영화의) 설명자막 subtitle 서브타이틀
서라운드 사운드 surround-sound 서라운드사운드
와이드 스크린 wide screen 와이드 스크리인
영화 애호가 movie goer 무-비 고우어

94 영화 볼 때

표현문형

그 영화는 지루했어. **The movie was so boring.**

그래, 끝까지 볼 수 없어. **Yeah, I can't see it through.**

■ 그 영화는 몇몇 극장에서 상영되고 있어요.

The movie is playing at several theaters.

더 무비 이즈 플레잉 앳 쎄버럴 씨어덜즈

■ 그 영화의 주인공은 누구인가요?

Who's starring in that movie?

후즈 스탈링 인 댓 무비

■ 극장에는 자주 가세요?

Do you go to the movies often?

두 유 고우 투 더 무비즈 오펀

■ 어떤 영화를 즐겨보세요?

What kind of movies do you enjoy watching?

왓 카인더브 무비즈 두 유 인조이 왓칭

■ 액션 영화를 좋아해요.

I like action adventure films.

아이 라익 액션 어드벤철 필름즈

■ 저와 자리 좀 바꿔주시겠어요?

Would you mind swapping seats with me?

우듀 마인드 스와핑 씨잇츠 위드 미

■ 우리 팝콘 먹을까?

Why don't we get some popcorn?

와이 돈(트) 위 겟 썸 팝콘

■ 영화가 정말 감동적이에요.

That film told an emotionally moving story.

댓 필름 토울던 이모우셔늘리 무빙 스토리

■ 그 영화는 지루했어요.

The movie was so boring.

더 무비 워즈 쏘우 보어링

생생키워드 다양한 영화 장르를 알아보죠.

단편영화 short film 숏트 필름   애정영화 romance 로우맨스

액션영화 action film 액션 필름   스릴러 thriller 뜨릴러

공포물 horror picture 호러 픽쳐   컬트영화 cult film 컬트 필름

공상과학영화 SF(Science Fiction Film) 사이언스 픽션 필름

로맨틱 코미디 romantic-comedy 로우맨틱 카머디

기록 영화 documentary film 다큐멘터리 필름

여성 취향의 영화 chick flick 취크 플리크

흑백 영화 classic(=Black & White) 클래식

살인 등 잔혹한 내용을 다룬 영화 splatter movie 스플래터어 무비

텔레비전용 영화 made for TV movie 메이드 풔 티비 무비

지속적인 긴장감 suspense 서스펜스

뮤지컬&오페라 볼 때

공연을 본 소감이 어떠니? **How would you rate show?**

정말 좋았어! **Definitely two thumbs up!**

■ 어디서 오페라를 볼 수 있나요?

Where can I see an opera?

웨얼 캐나이 씨 언 아퍼러

■ 요즘 공연하는 뮤지컬은 뭔가요?

Which musical is currently showing?

위치 뮤지컬 이즈 커렌들리 쇼우잉

■ 어떤 뮤지컬을 보고 싶으세요?

What kind of musicals do you like to see?

왓 카인더브 뮤지컬즈 두 유 라익 투 씨

■ 요즘 극장에서는 뭐가 공연 중인가요?

What's playing at the theater in these days?

왓츠 플레잉 앳 더 씨어덜 인 디즈 데이즈

■ 여기서 가장 유명한 공연이 뭔가요?

Which shows are popular here?

위치 쑈우즈 아 파퓰러 히얼

■ '캣츠'가 정말 유명해요.

'Cats' is very popular.

캣츠 이즈 베리 팝퓰러

■ 난 정말 '호두까기 인형'을 보고 싶었어요.

I have always wanted to see 'The nutcracker'.

아이 해브 오올웨이즈 원티드 투 씨 '더 넛크렉컬'

■ 출연진은 누구누구인가요?

who are the stars?

후 아 더 스탈스

■ 어떤 복장을 해야 하나요?

What should I wear?

왓 슈다이 웨얼

■ '백조의 호수'를 관람한 소감이 어떤가요?

How would you rate 'Swan Lake'?

하우 우듀 레이트 '스완 레이크'

■ 그 오페라는 모두 아주 훌륭했어요!

All in all, the opera was quite good!

오올 인 오올, 디 아퍼러 워즈 콰이엇 굿

■ 그 공연은 재미없었어요.

The show was terrible.

더 쑈우 워즈 테러블

■ 오페라는 이해하기 어려워요.

Opera can be difficult to understand.

아퍼러 캔 비 디피컬 투 언덜스탠드

96 티켓예약과 자리에 앉기

표현문형

좌석을 예약하고 싶어요. **I'd like to reserve some seats.**

표가 매진되었어요. **The tickets are sold out.**

■ 매표소가 어디인가요?

Where is the ticket office?

웨어리즈 더 티킷 오피스

■ 오늘밤 좌석을 예약하고 싶어요.

I'd like to reserve some seats for tonight.

아이드 라익 투 리절브 썸 씨잇츠 풔 터나잇

■ 마지막 공연이 언제인가요?

When is the last show?

웬 이즈 더 라스트 쑈우

■ 내일 좌석을 예약할 수 있나요?

Can I reserve to seats for tomorrow?

캐나이 리절브 투 씨잇츠 풔 터마로우

■ 입장료는 얼마인가요?

How much is the admission fee?

하우 머취 이즈 디 어드미션 피이

■ 학생은 요금할인이 되나요?

Do you have a student rate discounts?

두 유 해브 어 스튜던트 레이트 디스카운츠

■ 어떤 좌석을 원하세요?

Which seats do you want?

위치 씨잇츠 두 유 원트

■ 로열석으로 주세요.   ■ 가장 싼 좌석으로 2장 주세요.

Royal seat, please.   **Two cheapest tickets, please.**

로이얼 씨잇 플리즈   투우 칩피스트 티킷츠 플리즈

■ 공연은 몇 시에 시작하나요?

What time does the performance begin?

왓 타임 더즈 더 퍼폴먼스 비긴

■ 공연 팸플릿을 판매하나요?

Do you sell show pamphlet?

두 유 쎌 쑈우 팸플릿

■ 휴식 시간은 얼마 동안인가요?

How long is the intermission?

하울 로옹 이즈 디 인털미션

■ 안에서 사진 찍어도 되나요?

May I take some pictures inside?

메이 아이 테익 썸 픽철스 인싸이드

■ 다른 좌석에 발을 올려놓지 마십시오.

Don't put your feet on the other seats.

돈(트) 풋 유어 피잇 언 디 아덜 씨잇츠

 **97** 음악과 미술 감상할 때

램블란트의 걸작입니다. **This is a Rembrandt at his best.**

정말 훌륭한 작품이에요. **It's a wonderful piece of art.**

■ 어떤 음악을 좋아하세요?

What kind of music do you like?

왓 카인더브 뮤직 두 유 라익

■ 재즈를 좋아해요.

I love jazz.

아이 러브 째즈

■ 나는 록 음악에 빠졌어요.

I'm really into rock music.

아임 리얼리 인터 락 뮤직

■ 가장 좋아하는 음악가는 누구예요?

Who's your favorite musician?

후즈 유어 페이버릿 뮤지션

■ 그 여자가수의 목소리는 정말 호소력이 있어요.

The woman singer's voice is very haunting.

더 우먼 싱어즈 보이스 이즈 베리 헌팅

■ 연주할 수 있는 악기가 있어요?

Can you play any instrument?

캐뉴 플레이 에니 인스트러먼트

■ 어렸을 때 바이올린을 배웠어요.
I learned to play the violin when I was young.
아이 러닝드 투 플레이 더 바이얼린 웨나이 워즈 영

■ 저는 노래는 정말 못해요.
I really can't sing.
아이 리얼리 캔(트) 씽

■ 저는 전시회 보러가는 거 좋아해요.
I like going to art galleries.
아이 라이크 고우잉 투 알트 갤러리즈

■ 어떤 종류의 그림에 관심이 있어요?
What kind of paintings are you interested in?
왓 카인더브 페인딩즈 아 유 인터레스티딘

■ 이 작품 누가 그린 거예요?
Whose work is this?
후즈 월크 이즈 디쓰

■ 정말 훌륭한 작품이군요.
It's a wonderful piece of art.
잇츠 어 원더풀 피스 어브 알트

■ 이 그림 진품이에요?
This painting isn't the original, is it?
디쓰 페인팅 이즌(트) 디 어리저널, 이짓

98 헬스클럽에서

체격이 참 좋으세요. **You have a built figure.**

매일 운동을 해서 그래요. **I work out every day.**

■ 나는 살을 좀 빼야겠어요.
I need to lose some weight.
아이 니드 투 루즈 썸 웨이트

■ 몸매를 좀 가꾸려고 해요.
I'm trying to get in shape.
아임 트라잉 투 겟 인 쉐이프

■ 당신은 몸에 신경 좀 써야겠어요.
It looks like you really need to get in shape.
잇 룩스 라익 유 리얼리 니드 투 겟 인 쉐이프

■ 나는 헬스클럽에 다닐 거예요.
I signed up for the health club.
아이 싸인드 업 풔 더 헬쓰 클럽

■ 운동하기 전에 준비운동 하는 거 잊지 마세요.
Remember to stretch before you work out.
리멤벌 투 스트레취 비포 유 월크 아웃

■ 어떤 근력운동을 더 해야 합니까?
What muscle groups should I be working more?
왓 머슬 그루프스 슈다이 비 월킹 모얼

■ 이 역기를 몇 번이나 들어야 하나요?

How many repetitions should I do with this barbell?

하우 메니 레퍼티션즈 슈다이 두 위드 디쓰 바벨

■ 이두박근 운동 중이에요.

I'm working on my biceps of the arm.

아임 월킹 언 마이 바이셉스 어브 디 암

■ 가슴운동에 집중하고 있어요.

I'm focusing on building up my breast.

아임 포우커싱 언 빌딩 업 마이 브레스트

■ 너무 무리하지 마세요.

Don't overdo it.

돈(트) 오우벌두 잇

■ 상당히 근육질이군요.

You are very muscular.

유 아 베리 머스큘러

■ 그동안 헬스를 열심히 했나 봐요.

I can tell he did a lot of weight training.

아이 캔 텔 히 디드 어 랏 어브 웨잇 트레이닝

■ 샤워하는 곳은 어디인가요?

Could you tell me where the showers are?

쿠듀 텔 미 웨얼 더 샤우얼즈 아

99 스포츠&레저 즐길 때

표현문형

좋아하는 스포츠가 뭐예요? What's your favorite sport?

골프를 아주 좋아해요. I really love golf.

■ 수영 잘 하세요?

Can you swim well?

캐뉴 스윔 웰

■ 요즘에는 접영을 연습하는 중이에요.

I've been working on the butterfly stroke.

아이브 빈 월킹 언 더 버덜플라이 스트럭

■ 당구 한 게임 칠래요?

Do you feel like shooting a game of pool?

두 유 필 라익 슈우팅 어 게임 어브 푸울

■ 손목에 힘을 빼야 해요.

You have to keep your wrist loose.

유 해브 투 키프 유어 리스트 루스

■ 저는 겨울마다 스키를 타러 가요.

I always go skiing in the winter.

아이 오올웨이즈 고우 스킹 인 더 윈털

■ 저는 전에 한번밖에 안 타봤어요.

I have only skied once before.

아이 해브 오운리 스키드 원쓰 비포얼

■ 스키를 빌리고 싶어요.

I'd like to rent a pair of skis.

아이드 라익 투 렌터 페얼 어브 스키즈

■ 리프트를 타는 곳이 어디예요?

Where can I get on a ski lift?

웨얼 캐나이 겟 언 어 스키 리프트

■ 이번 주말에 골프 치러 가실래요?

Do you want to go golfing this weekend?

두 유 원 투 고우 갈핑 디쓰 위캔드

■ 골프를 좋아하지만 잘 치지는 못합니다.

I like to go golfing, but I don't have the talent.

아이 라익 투 고우 갈핑, 벗 아이 돈(트) 해브 더 탤런트

■ 골프장 사용료는 얼마인가요?

How much is the green fee?

하우 머취 이즈 더 그린 피이

■ 스노클링 해본 적 있어요?

Have you ever been snorkeling?

해뷰 에벌 빈 스놀컬링

■ 스쿠버다이빙을 하는 곳이 있나요?

Are there any places scuba diving?

아 데얼 에니 플레이시스 스쿠우버 다이빙

경기 관람할 때

표현문형

어느 팀을 응원하세요? **What team are you rooting for?**

필라델피아 필리스요. **I want Philadelphia Phillies to win.**

■ 어떤 운동을 좋아하시나요?

What kind of sports do you like?

왓 카인더브 스폴츠 두 유 라익

■ 저는 야구팬이에요.

I'm a great fan of baseball.

아임 어 그레잇 팬 어브 베이스볼

■ 축구 시합을 보고 싶어요.

I want to watch a soccer game.

아이 원 투 와취 어 싸커 게임

■ 이곳에서 스포츠 경기가 있나요?

Are there any sport events here?

아 데얼 에니 스폴트 이벤츠 히얼

■ 오늘 시합이 있나요?

Are there any games today?

아 데얼 에니 게임즈 터데이

■ 어떤 팀의 경기가 열리나요?

Which teams are playing?

위치 팀즈 아 플레잉

■ 게임은 몇 시에 시작하나요?

What time does the game start?

왓 타임 더즈 더 게임 스탈트

■ 어떤 팀을 응원할 거예요?

Who will you root for in this game?

후 윌 유 루트 풔 인 디쓰 게임

■ 저 팀은 수비가 정말 좋아요.

They are playing tight defense.

데이 아 플레잉 타이트 디펜스

■ 누가 이길 거라고 생각해요?

Who do you think will win?

후 두 유 띵크 윌 윈

■ 막상막하의 게임이군요.

The game is neck and neck.

더 게임 이즈 넥 캔 넥

■ 점수가 더 나지 않으면 연장전으로 들어갈 거예요.

If no one scores, It will go into extra innings.

이프 노우 원 스코올스, 잇 윌 고우 인투 엑스트러 이닝스

■ 경기가 끝났어요! 우리 팀이 간신히 이겼어요.

Time's up! We edged out the other team.

타임즈 업! 위 에지드 아웃 디 아덜 티임

We all learn by experience.
우리는 모두 경험에 의해 배운다.

Do it properly or not at all.
하려면 올바르게 하고 아니면 말아라.

Art is long, and life is short.
예술은 길고 인생은 짧다.

Bees store up honey for the winter.
벌들은 겨울을 위해 꿀을 모은다.

Well begun is half done.
시작이 반이다.

The early bird catches the worm.
일찍 일어나는 새가 벌레를 잡는다.

Old friends and old wine are best.
친구와 포도주는 오래된 것이 좋다.

Friends in need are friends indeed.
어려울 때의 친구가 참된 친구다.

It's better to be too early than too late.
너무 늦는 것보다는 너무 이른 편이 낫다.

A good beginning makes a good ending.
시작이 좋으면, 끝도 좋다.

Where there is a will, there is a way.
뜻이 있는 곳에 길이 있다.

Nothing can be obtained without any effort.
노력 없이는 아무 것도 얻을 수 없다.

마음이 크는

명언 한마디

Health is better than wealth.
건강은 재산보다 낫다.

A sound mind in a sound body.
건강한 신체에 건강한 정신이 깃든다.

Heaven helps those who help themselves.
하늘은 스스로 돕는 자를 돕는다.

Reading makes a full man.
독서는 완전한 인간을 만든다.

When god closes one door, he opens another.
하늘이 무너져도 솟아날 구멍이 있다.

Hearing times is not like seeing once.
백문이 불여일견이다.

Things done cannot be undone.
엎지른 물은 주워 담을 수 없다.

After the storm comes the calm.
비 온 뒤에 땅이 더 굳어진다.

Birds of a feather flock together.
깃이 같은 새끼리 모인다. (유유상종이다)

Don't waste a good opportunity.
좋은 기회를 낭비하지 마라.

Don't be stupid and greedy.
어리석고 탐욕스럽지 마라.

After a storm comes a calm.
폭풍 뒤에 고요함이 온다.